Água é vida: eu cuido, eu poupo

◤ Confira as publicações da Coleção FGV de Bolso no fim deste volume.

FGV EDITORA

FGV de Bolso
Série Direito & Sociedade
39

Água é vida: eu cuido, eu poupo
Para um futuro sem crise

Ana Alice De Carli

Copyright © Ana Alice De Carli

1ª edição – 2015

Impresso no Brasil | Printed in Brazil

Todos os direitos reservados à EDITORA FGV. A reprodução não autorizada desta publicação, no todo ou em parte, constitui violação do copyright (Lei nº 9.610/98).

Os conceitos emitidos neste livro são de inteira responsabilidade do autor.

COORDENADORES DA COLEÇÃO: Marieta de Moraes Ferreira e Renato Franco
COPIDESQUE: Débora Thomé
REVISÃO: Clarisse Cintra e Renata Rodrigues
DIAGRAMAÇÃO, PROJETO GRÁFICO E CAPA: dudesign

**Ficha catalográfica elaborada
pela Biblioteca Mario Henrique Simonsen/FGV**

De Carli, Ana Alice
 Água é vida: eu cuido, eu poupo: para um futuro sem crise / Ana Alice De Carli. – Rio de Janeiro Editora FGV, 2015.
Editora FGV, 2015.
 126 p. - (Coleção FGV de bolso. Série Direito & sociedade)
 Inclui bibliografia.

 ISBN: 978-85-225-1710-7

 1. Direito de águas. 2. Água – Conservação. 3. Sustentabilidade e meio ambiente. 4. Proteção ambiental. I. Fundação Getulio Vargas. II. Título. III. Série.

CDD – 341.344

Editora FGV
Rua Jornalista Orlando Dantas, 37
22231-010 | Rio de Janeiro, RJ | Brasil
Tels.: 0800-021-7777 | 21-3799-4427
Fax: 21-3799-4430
editora@fgv.br | pedidoseditora@fgv.br
www.fgv.br/editora

Sumário

Introdução 7

Capítulo 1
Água: bem da vida 13

Capítulo 2
A água e o direito 37

Capítulo 3
Água é vida: eu cuido, eu poupo 55

Capítulo 4
Políticas públicas em prol do "ouro azul" 71

Capítulo 5
A tributação no caminho das águas 93

Considerações finais 111

Referências 113

Introdução

Por que é preciso proteger e preservar os mananciais de água, além de tratá-los com respeito? Até quando a natureza será tratada com tanto desleixo? Espera-se que, ao final deste livro, você possa responder tais questões a partir de suas próprias reflexões.

Para realçar a importância de preservar este elemento vital, um *ser vivo*, a Organização das Nações Unidas (ONU), ao promover a Campanha "Água para a Vida 2005/2015", estabeleceu o dia 22 de março para sua celebração e seu reconhecimento global. Busca-se firmar uma relação mais próxima e de respeito entre o homem e este líquido essencial à vida e ao desenvolvimento humano e econômico.

No intuito de construir uma ligação de cuidado e respeito entre a humanidade e a água, faz-se necessário transformar em realidade dois conceitos que se imbricam: proteção e preservação. Não raro o que se vê são pessoas preocupadas em proteger indivíduos e preservar seus patrimônios, o que não ocorre na mesma dimensão em relação aos demais seres vivos da natureza, a exemplo das águas.

O homem ainda padece de certa ignorância em relação à natureza: convive com ela, depende dela, mas pouco ou nada sabe sobre as suas diferentes formas de vida. Mesmo com os constantes problemas de acesso ao direito fundamental à água, apenas algumas pessoas procuram usar tal recurso finito com razoabilidade e responsabilidade, isto é, buscando sua sustentabilidade.

Quem nunca viu mangueiras sendo utilizadas para lavar as calçadas, como se fossem uma "vassoura hidráulica"? Ainda, apenas à guisa de ilustração, quem, em sua própria casa, não deixa a torneira escorrendo além do necessário enquanto faz sua higiene bucal ou lava a louça?

Tais condutas podiam até ser toleráveis em uma época na qual a demanda pelo uso da água não tinha a mesma proporção que tem na atualidade. Além do uso humano, para saciar a sede, limpeza, cozimento de alimentos e higiene pessoal, há os usos industriais, agrícola e pecuário, e os demais usos dos outros seres vivos.

Na via das externalidades negativas, ou seja, da seara dos fatores que causam algum tipo de impacto negativo ao ecossistema hídrico, também cabe mencionar as mais variadas formas de contaminação dos mananciais. Segundo estudos da ONU, cerca de 1.500 km^3 de recursos hídricos são poluídos ao longo de cada ano no mundo (Beer, 2014). Sem descuidar dos casos de perdas de água decorrentes de vazamentos e furtos.

O crime de furto de água tem se tornado uma prática cada vez mais comum, especialmente no estado de São Paulo, que vem padecendo nos últimos tempos com a estiagem e com a baixa capacidade hídrica de seus principais reservatórios. Conforme amplamente noticiado na mídia, as condutas criminosas vão desde a ligação clandestina, alteração de hidrômetro até arrombamento de residências para furtar o "ouro azul" das caixas reservatórias. No dia 4 de dezembro de 2014, o programa Bom Dia Brasil, da TV Globo, mostrou casos de arrombamento de casas na região metropolitana de São Paulo. O objetivo dos infratores era o furto de caixa d'água e do próprio líquido vital.

O problema de acesso à água tem assombrado autoridades no mundo inteiro, até mesmo naqueles países que detêm significativo percentual de água doce, como é o caso do Brasil. A África tem enfrentado, há algum tempo, além da pobreza endêmica, problemas com a falta de água potável e de saneamento básico. Isso sem mencionar as mudanças climáticas, que alteram sobremaneira a realidade socioeconômica daquela população. Os africanos ora enfrentam fortes secas, ora se deparam com avultadas enchentes, conforme informações do Relatório da Unesco *Managing water under uncertainty and risk*. Nessa região, cerca de 300 milhões de pessoas já convivem com a dura realidade da falta de acesso à água, o que tem feito a ONU trabalhar no sentido de desenvolver estratégias para mobilizar a comunidade internacional a se comprometer com a racionalização do uso. Diferentemente do que muitos pensam, a água não é um bem natural infinito, como uma árvore frutífera, da qual podem ser extraídas inúmeras colheitas. A água, ao contrário, não se reproduz (Carli, 2013).

Atualmente, a escassez de recursos hídricos atinge de forma drástica muitos países, tais como Israel, Jordânia, Líbia, Malta, Tunísia, Arábia Saudita, Iraque, Kuwait, Egito, Argélia, Burundi, Cabo Verde, Etiópia, Cingapura, Tailândia, Barbados, Hungria, Bélgica, México, Estados Unidos, França, Espanha (Carvalho; Silva, 2014).

O problema do acesso à água potável também já se evidencia no Brasil, o qual, apesar de deter cerca de 12% do total de água doce existente no planeta, está vivendo o seu pior cenário de seca. Na região do estado de São Paulo, um dos principais sistemas hídricos, o Cantareira (formado por cinco bacias hidrográficas; áreas onde há recurso hídrico para captação) está em colapso. Para se ter uma ideia da gravidade, a sua capacidade hídrica no dia 17 de outubro de 2014 chegou ao patamar de 3,9%, segundo informações da Companhia de Saneamento Básico do Estado de São Paulo (Sabesp).

Mas a escassez de água não é recente no Brasil. A região Nordeste do país convive com essa dura realidade há séculos, pois detém somente cerca de 3% do total de recursos hídricos existentes no território.

Apesar de a natureza ter como norma-diretriz o princípio da resiliência, segundo o qual cada ecossistema possui "capacidade de tolerar e absorver mudanças, mantendo sua estrutura e seu padrão geral de comportamento" (Trajano, 2010), tal capacidade tem limites. Além disso, encontra obstáculos que a tornam vulnerável, como o efeito estufa, que aumenta a intensidade e a frequência de mudanças climáticas, ou o descaso com o uso e a apropriação dos recursos naturais.

O efeito estufa pode ser natural ou artificial. O primeiro decorre da própria dinâmica do meio ambiente; um fenômeno natural cuja ação de um conjunto de gases, entre eles o dióxido de carbono, propicia a temperatura ideal para a vida no planeta Terra. Já o efeito estufa artificial é provocado por ações humanas, também denominadas de ações antrópicas, que aceleram o aumento da emissão de gases, os quais são apenas parcialmente absorvidos pela natureza, gerando uma camada de poluentes no ar.

Um dos principais gases que causam o efeito estufa é o CO_2 (gás carbônico), enviado à atmosfera em quantidades significativas pelo homem, ao realizar atividades como a queima de combustíveis fósseis (derivados de petróleo e carvão) e a derrubada de árvores. Como consequência da excessiva produção desses gases, ocorrem constantes e drásticas mudanças climáticas (frio excessivo; lugares onde a temperatura era muito baixa que começam a conviver com temperaturas elevadas; áreas úmidas com longos períodos de seca; áreas de seca que enfrentam enchentes; áreas com terras férteis para a agricultura que entram em um processo de desertificação).

Não resta dúvida: a humanidade precisa se conscientizar de que mudanças de comportamento em relação ao meio ambiente são fundamentais para se garantir a saúde do planeta. Mais que isso, é preciso que a sociedade acorde para a nova realidade ambiental, num contexto em que o consumo ainda cresce vertiginosamente e os recursos naturais caminham à exaustão. São necessárias mudanças de comportamento.

Em 2014, o que parecia improvável de acontecer na região Sudeste brasileira, tornou-se uma dura realidade: a falta de água. Que tal situação de colapso hídrico sirva de lição para gestores e consumidores desta riqueza finita e indispensável à vida. A rigor, gestão e educação ambiental compreendem um binômio necessário à preservação da água.

Com esta obra, busca-se trazer elementos conceituais, informações e dados sobre as águas brasileiras; demonstrar a relevância de promover a educação ambiental hídrica, instrumento profícuo para o desenvolvimento da necessária consciência ecológica; buscar o reconhecimento pelo direito da posição de sujeito com direitos às águas, além de sua titularidade de dignidade, a fim de se proteger e preservar o líquido para esta geração e para as futuras, conforme determina a Constituição Federal do Brasil de 1988, em seu artigo 225; e, por fim, advogar no sentido da criação de uma contribuição em prol das águas.

Capítulo 1

Água: bem da vida

Aspectos conceituais e funcionais da água

Já na Antiguidade, a água era objeto de estudo dos denominados filósofos da ciência ou da natureza, em especial, Tales de Mileto, para quem a água – ou o úmido – consubstanciava o princípio de tudo, era o elemento principal do universo.

A partir de um viés teológico, conforme se extrai do Livro do Gênesis, capítulo I, versículos 1-2, "no princípio, criou Deus os céus e a terra. A terra era sem forma e vazia; havia trevas sobre a face do abismo, e o espírito de Deus pairava sobre a face das águas", o líquido teria precedido à criação do próprio planeta Terra. Serve, até os dias atuais, como símbolo de purificação, utilizado em batizados de várias ordenações religiosas.

Sem entrar em polêmicas de natureza religiosa, a intenção é trazer à baila argumentos racionais variados sobre o estudo das águas e a importância de se estabelecer parâmetros e condutas éticas para sua proteção e preservação. Sem água, não há vida, e sua escassez leva à instabilidade social e impede o pleno desenvolvimento econômico.

Como explica Marilena Chaui, sobre Tales de Mileto, "a água ou o úmido era o princípio de todo o universo", consubstanciando também "o princípio do devir" (tudo é passível de mudança). Complementa a filósofa brasileira (Chaui, 2002):

> O fato de considerar a água como alma, isto é, como princípio vital, leva Tales a considerar que *todas as coisas são viventes ou animadas e por isso se transformam e se conservam. A água é o "deus inteligente" que faz todas as coisas e é a matéria e a alma de todas elas.* (grifo nosso)

Séculos depois, já na Idade Média, muitas pessoas mantinham uma relação de afeto com a natureza, considerando-a algo sagrado, sendo possível depreender que a visão animista ainda encontrava espaço significativo nessa fase histórica, não obstante "os esforços da igreja e de seus padres, para impor a concepção de que não existiam espíritos nas árvores, rochas, regatos e florestas" (Harding, 2008).

Com a Revolução Científica, difundida nos séculos XVI e XVII, a qual trouxe nova visão ontológica e epistemológica de mundo, a natureza passou a ser olhada mais como um objeto de exploração econômica e satisfação dos desejos da humanidade, do que como um ser vivo que merece cuidado e respeito. Nesse período, destacam-se os pensadores Francis Bacon, Galileu Galilei e René Descartes.

Assinala Stephan Harding (op.cit.) que Francis Bacon (assim como Galileu e Descartes) defendia a ideia de que a natureza deveria ser dominada pela racionalidade humana. Para Galileu, o conhecimento matemático era o instrumento mais confiável para compreender e controlar a natureza. Descartes, por sua vez, buscava separar a matéria (que denominava de "*res extensa*") da mente (a "*res cogitans*"). Com isso, na verdade, o pensador queria negar a existência da "anima mundi", sob o argumento de que "a única entidade não-mecânica do universo, o único lugar de subjetividade e alma, era a própria psique humana" (Harding, 2008). Nessa trilha, oportunas são as palavras do pensador português Boaventura de Souza Santos (2014):

> Da filosofia grega ao pensamento medieval, a natureza e o homem pertencem-se mutuamente enquanto especificações do mesmo acto de criação. A ciência moderna rompe com esta cumplicidade, uma ruptura ontológica e epistemológica que desumaniza a natureza no mesmo processo em que desnaturaliza o homem. Ao transformar a natureza em objeto passivo de um poder arbitrário, ética e politicamente neutro, a ciência moderna construiu sobre ela um edifício intelectual sem precedentes na história da humanidade. Este edifício, como qualquer outro, teve fim prático e esse foi o de criar um conhecimento capaz de instrumentalizar e controlar a natureza por via de transformações técnicas.

Edgar Morin, a seu turno, em conferência ministrada em São Paulo, em 2007, pontuou, conforme relato de Luiz Armando Badin (2014), que o pensamento humanista atual, diferentemente da racionalidade inaugurada por Bacon, Galileu e Descartes, segundo a qual a natureza existia para satisfazer as vontades e necessidades do homem, tem procurado olhar para o planeta como "um jardim coletivo", onde a solidariedade passa a ser o fio condutor do processo de autopreservação, incluindo a proteção do meio ambiente natural.

De fato, os homens, como beneficiários da saúde e do equilíbrio do planeta Terra, precisam se conscientizar de que, independentemente dos contextos geográficos, culturais, sociais e econômicos em que vivem, estão diante de constantes ameaças de variadas espécies. Vive-se, no dizer de Ulrick Beck (2010), na sociedade de risco:

> O potencial de autoameaça civilizacional desenvolvido no processo de modernização faz assim com que também a utopia de uma sociedade global se torne um pouco mais real, ou ao menos mais premente. Exatamente como quando as pessoas do século XIX precisaram (...) aprender a submeter-se às condições da sociedade industrial – da mesma forma, elas também precisarão, hoje e no futuro, sob o açoite do apocalipse civilizacional, aprender a sentar-se à mesa e a encontrar e implementar soluções para as ameaças autoinfligidas capazes de atravessar todas as fronteiras. (...) *Problemas ambientais somente podem ser solucionados de forma objetiva e razoável em negociações transfronteiriças.* (grifo nosso)

Nessa quadra da realidade globalizada, a noção de solidariedade ocidental ganha destaque. É possível realçar que ela surgiu a partir de duas vertentes de pensamento, o estoicismo e o cristianismo primitivo, fundada em valores como a igualdade e a fraternidade entre os homens (Romeiro, 2002). Séculos mais tarde, a solidariedade foi consagrada em documentos internacionais, como na Declaração Universal dos Direitos Humanos, da ONU, de 1948, e na Declaração do Rio de Janeiro sobre Meio Ambiente e Desenvolvimento, de 1992. A solidariedade, nos dias atuais, consubstancia uma das principais e necessárias diretrizes do discurso sobre desenvolvimento sustentável. Afinal, meio ambiente natural equilibrado é, ao mesmo tempo, um direito e um dever difuso: todos têm direito a ele e, concomitantemente, todos têm o dever de zelar por ele, pois sem recursos naturais, em especial a água, não há como se desenvolver.

Cientistas buscam explicar a existência da água na Terra. Nesse sentido, o biólogo brasileiro Samuel Murgel Branco (2003) apresenta duas teses que tentam esclarecer a origem das águas. A primeira pontua que as moléculas de água teriam surgido a partir de um processo de síntese no sistema solar "durante o período de formação dos planetas". Já a segunda teoria sustenta que as águas surgiram de elementos advindos de outras partes do universo.

No que se refere à noção do elemento água, sob a perspectiva do conhecimento físico-químico, trata-se de um líquido vital que conjuga duas moléculas de hidrogênio e uma de oxigênio (H_2O), alterando-se de uma forma a outra, dependendo da temperatura; isto é, a água pode apresentar-se em três estágios: líquido, gasoso e sólido. É a "água científica" (D'Isep, 2010).

A composição química da água foi revelada inicialmente pelo cientista Antoine-Laurent Lavoisier, no século XVIII. Entretanto, foram Louis-Joseph Gay-Lussac e Alexander von Humboldt, em 1805, os responsáveis pela descoberta das medidas de cada elemento na composição da água, resultando na sua fórmula.

Branco (2003) ensina que as geleiras de água doce surgiram "da condensação e do congelamento da umidade do ar (neve) às baixas temperaturas". Os exemplos clássicos de geleiras citados na literatura especializada são: as planícies do Polo Norte; a Antártida, no Polo Sul; as altas montanhas, como as Cordilheiras dos Andes, na América do Sul; as cordilheiras dos Alpes, na Europa; as cordilheiras do Himalaia, entre os países da Índia e China.

Por sua vez, a água em estado gasoso no planeta Terra é de aproximadamente 0,001%. Uma das funções do vapor é proporcionar umidade do ar. Desse modo, quando o ar está bastante úmido, ocorre a neblina. A água em forma de vapor caracteriza o "efeito estufa natural", que, por sua vez, "é o responsável pela manutenção de uma temperatura compatível com a existência de vida na superfície do planeta" (Branco, op.cit.).

Já a água, em sua forma líquida, tem funções variadas, sendo elemento básico da estrutura corpórea de todos os seres vivos. Atua como solvente universal, por sua capacidade de dissolver outras substâncias, é fundamental para saciar a sede de pessoas e animais, para a agricultura, para o cozimento de alimentos. É essencial para a higiene, para a produção de bens e serviços, entre outros.

O líquido caracteriza-se, basicamente, pela sua *densidade*, capaz de alterar o meio ambiente natural; pelo seu *calor específico*, o qual pode gerar mudanças climáticas, e pela sua *solubilidade*, visto que a água tem a aptidão de dissolver diversas substâncias.

Sem dúvida, a água também revela sua importância e essencialidade a partir de aspectos sociais, econômicos, geopolíticos, ambientais e de lazer. Vale lembrar que muitas civilizações nasceram às margens dos rios, porquanto os mesmos serviam não apenas para consumo de suas águas, mas como formas de desenvolvimento agrícola e pecuário, lazer e transporte. O Egito nasceu às margens do rio Nilo. Os rios Tigre e Eufrates também foram muito importantes para o desenvolvimento da Mesopotâmia, visto que o solo fértil permitiu o desenvolvimento de atividades agrícolas e pecuárias. Isso fez também com que não demorasse muito para começarem os conflitos envolvendo as terras próximas desses rios. Ainda, nesse cenário, esclarece Marcos Faber (2014):

> Mesopotâmia vem do grego e quer dizer "entre rios" (*meso* = meio, entre. Já *potamus* = rio. "Potamus" deu origem ao termo que designa a água que é boa para beber, ou seja, potável). "Entre Rios" faz referência ao fato da região ficar entre os rios Tigre e Eufrates.

Mas os conflitos por causa da água não ficaram no passado distante, eles continuam na contemporaneidade, com o agravante de que seu consumo aumentou significativamente, somado ao aumento dos agentes poluidores e das mudanças climáticas, as quais revelam crescimento de eventos climáticos extremos. Nesse diapasão, assim vaticina o urbanista norte-americano Michael Klare, autor da obra *The race for what's left* (*A corrida pelo que sobrou*, em tradução livre) (2012): "A água virou o novo combustível fóssil, causa de batalhas ferrenhas. Guerras que aumentarão em número e dimensão, já que a demanda cresce, enquanto a oferta diminui".

Segundo pontua a ecologista indiana Vandana Shiva (2006), variados conflitos por causa da água estão ocorrendo no mundo, sendo certo que "guerras por água são guerras globais", independentemente das diferenças existentes entre contextos sociais, geopolíticos e ambientais, cabe destacar "a ética universal da água como uma necessidade ecológica, em oposição a uma cultura corporativa de privatização, ganância e o cerco das águas públicas", conclui.

Segundo dados da ONU, os conflitos mundiais envolvendo os recursos naturais, em particular as águas, vêm aumentando desde os anos de 1990, o que tem sido amenizado com a ajuda de sua agência responsável pela promoção e conservação do meio ambiente e do uso racional de recursos no contexto do desenvolvimento sustentável, o Programa das Nações Unidas para o Meio Ambiente (Pnuma). Entre os muitos países que receberam o apoio desta instituição estão: Afeganistão, Nigéria, Ucrânia, Libéria, Japão, Iraque, China, Líbano e Ruanda.

No Brasil, também já é possível afirmar a existência de conflitos relacionados com a água. Na atualidade, em razão do problema de forte estiagem enfrentada há dois anos pelo estado de São Paulo, o que tem reduzido o seu potencial de água doce, o estado vem tentando conseguir junto à Agência Nacional de Águas (ANA) autorização para transpor parcela do potencial hídrico da bacia do rio Paraíba do Sul (trata-se de um rio federal, pois corta mais de um estado brasileiro).

Porém os estados do Rio de Janeiro e de Minas Gerais, que também são beneficiados pelas águas do rio Paraíba do Sul e vivem seus próprios problemas em relação à escassez de água, não estariam satisfeitos com tal intenção de captação do manancial pelo estado de São Paulo. O problema é complexo e exige grande esforço das autoridades. Conforme nota técnica nº 01-A/2014, do Instituto Estadual do Ambiente (Inea), órgão estadual de meio ambiente do estado do Rio de Janeiro, a alteração das regras estruturais do rio Paraíba do Sul poderia comprometer o abastecimento de parte da população do estado do Rio, sendo necessários, portanto, mais estudos por parte da ANA e dos demais órgãos públicos dos estados envolvidos (Inea, 2014).

A questão chegou ao Supremo Tribunal Federal (STF), por meio da Ação Cível Originária (ACO) nº 2536, proposta pelo procurador-geral da República Rodrigo Janot Monteiro de Barros, a qual tem como pedido que a suprema corte brasileira impeça a Agência Nacional de Águas de autorizar a captação direta de água da bacia do Paraíba do Sul pelo estado de São Paulo. O ministro-relator do caso, Luiz Fux, em audiência de mediação realizada no dia 27 de novembro de 2014, conseguiu acordo entre os governadores de São Paulo, Rio de Janeiro e Minas Gerais, no sentido de que encontrem uma solução que possa ser boa para todas as partes envolvidas.

Ainda no dia 5 de novembro de 2014, o então secretário de Meio Ambiente do Rio de Janeiro, Carlos Francisco Portinho, enviou à ANA ofício externando preocupação com a estiagem da região Sudeste e com a baixa vazão do rio Paraíba do Sul, uma vez que tal manancial é responsável por abastecer o rio Guandu. Já o Guandu fornece água para cerca de 11 milhões de pessoas na região metropolitana do Rio de Janeiro. O secretário realçou a necessidade de se realizarem medidas preventivas para garantir o equilíbrio hídrico da bacia hidrográfica do rio Paraíba do Sul (G1, 2015).

A preocupação da autoridade do Rio de Janeiro é pertinente: se as chuvas demorarem a aparecer, a probabilidade de falta de água no estado é grande, e será dura a realidade a ser enfrentada por todos, gerando sérios problemas, sobretudo considerando que se trata de uma cidade que normalmente já registra altas temperaturas e tem um fluxo intenso de pessoas, especialmente no verão.

A preservação e a proteção dos rios e demais mananciais hídricos (lagos, águas subterrâneas) revelam-se ainda mais importantes neste período de crise, de estiagem, impondo a articulação conjunta de uma série de instrumentos, além de uma gestão democrática e responsável com a participação dos órgãos oficiais, das concessionárias de serviço de abastecimento de água e dos consumidores. Nesse sentido, oportunas são as palavras de Sérgio Guerra (2013):

> (...) em algumas regras editadas pelos reguladores, não se pode pensar em simplesmente executar o que está indicado na lei, produzida no âmbito do Parlamento. Nas questões difíceis ("*hard cases*") submetidas à escolha regulatória, as normas têm linhas mestras da política econômica e social.

Deve-se destacar a complexidade que envolve as questões ambientais, o que justifica, inclusive, a possibilidade de revogação de licença para construção. Em regra, ela não é passível de revogação, podendo ocorrer tal ato se, após sua concessão, houver alterações geológicas ou de outro caráter ambiental que impeçam a construção previamente autorizada.

A economia estuda a água como bem de valor econômico finito e escasso. Fabio Nusdeo (2009) explica que as políticas adotadas para o desenvolvimento econômico precisam considerar as externalidades negativas, ou seja, os custos socioambientais das atividades desenvolvidas. Segundo o autor, a precificação traria, de pronto, duas vantagens: o uso racional do bem escasso e o aumento dos recursos financeiros à implementação de obras de preservação e recuperação ambiental. O que se verifica na atualidade é o aumento acelerado da demanda por água e, por outro lado, a perda dessa riqueza, seja por conta da poluição, seja pelo seu desperdício ou uso insustentável.

Em linha de pensamento diversa de Fabio Nusdeo, o economista italiano Ricardo Petrella (2004) pontua que a água não pode ser objeto de mercantilização, sob o argumento de que se trata de "um patrimônio comum da humanidade", vinculado aos direitos fundamentais. Ao contrário da maioria dos economistas, Petrella assume visão mais social da questão do acesso à água.

A Declaração de Dublin de 1992, por sua vez, estabelece, em seu princípio nº 4, que "a água tem valor econômico em todos os usos competitivos e deve ser reconhecida como um bem econômico". Dessa normativa, é possível inferir que a precificação do uso da água – em sentido contrário ao pensamento de Ricardo Petrella de que a cobrança pelo uso da água traria mais injustiças sociais – compreenderia um instrumento a garantir a todos o acesso qualitativo e quantitativo do líquido precioso; o que não significa que o tratamento seguisse a lógica da mercancia para obtenção de lucro. A propósito, a Lei das Águas, o diploma normativo nº 9.433/97, também estabelece, em seu art. 1º, II, que a água é um bem natural dotado de valor econômico, seguindo a legislação francesa (Lei nº 92-3/92) e a mencionada Declaração de Dublin.

Alguns estados da federação brasileira qualificam a água tratada como mercadoria, para fins de cobrança do Imposto sobre Operações relativas à Circulação de Mercadorias e sobre Prestações de Serviços de Transporte Interestadual e Intermunicipal e de Comunicação (ICMS), tributo da competência tributária dos estados, por força do art. 155, II, da Constituição Federal de 1988. Essa questão já chegou ao Supremo Tribunal Federal, o qual, em sede do Recurso Extraordinário nº 607.056, decidiu no sentido de que a água tratada que chega às casas das pessoas não é mercadoria, mas, sim, consubstancia direito fundamental concretizado por meio de prestação de serviço público de tratamento e fornecimento.

Sob a perspectiva geopolítica, a água deve ser analisada, disciplinada e gerida a partir de interesses locais, regionais, nacionais e internacionais, ou seja, a partir de uma visão globalizada. Segundo esclarece Clarissa F. Macedo D'Isep (2010), trata-se de questão de soberania nacional:

> i) Água fronteira: (...) ter rios e lagos como fronteiras implica regulamentação de uso que deverá ser partilhado pelas partes limítrofes (...);
> ii) Água para transporte e navegação: (...) uma das mais significantes barreiras a serem transpostas seria a regulamentação da 'liberdade de navegar', o que foi acontecendo pouco a pouco, advindo no 'princípio da liberdade de navegação sobre os rios considerados internacionais' (Congresso de Viena, de 1815);
> iii) Água como arma de defesa e ataque: A necessidade de proibição de utilização de água como arma de guerra, quando de conflitos armados, e sua proteção contra as ações terroristas passam a ocupar o centro das preocupações em debates internacionais e
> iv) Desertificação e cheias: Elas têm causas, efeitos e extensões difusas, sendo fatores de impactos ambientais, sociais e econômicos.

A rigor, as águas com qualidade e quantidade foram e continuam sendo bens estratégicos, impondo políticas de caráter nacional, justificando, em solo brasileiro, a competência da União para instituir o sistema nacional de gerenciamento de recursos hídricos, bem como disciplinar e explorar os serviços de transporte aquaviário, conforme estabelecido no art. 21 da Constituição Federal de 1988.

Por fim, a água ambiental, no dizer de D'Isep (op. cit.), pode ser examinada a partir de três enfoques: 1) a água como um microbem ambiental, implicando tratamento próprio de um recurso finito; 2) como um "ecossistema ecológico", interagindo com os demais ecossistemas, a fim de preservar o equilíbrio das vidas; e 3) bem essencial à sadia qualidade de vida, ou seja, a água como condição de possibilidade para suprir as necessidades básicas das pessoas e dos demais seres vivos.

Sustentabilidade, proteção, preservação e gestão

As sociedades modernas têm se deparado com problemas que exigem soluções que ultrapassam a esfera geopolítica de um país. É o caso das mudanças climáticas, do acesso à água com qualidade e quantidade, da exportação de água virtual através de commodities, a exemplo do trigo e da soja.

No cenário atual, a questão é: como compatibilizar sustentabilidade dos bens naturais e desenvolvimento econômico? A rigor, o binômio *sustentabilidade-ambiental e desenvolvimento* deveria ser princípio norteador dos diálogos, mesmo quando o foco da discussão esteja centrado na economia.

Nesse contexto, estudiosos procuram harmonizar quatro conceitos relevantes na atualidade: *sustentabilidade, proteção, preservação* e *gestão*.

O conceito de *sustentabilidade* surgiu inicialmente no campo das ciências econômicas; buscava-se destacar a diferença entre crescimento econômico e desenvolvimento. O professor Fabio Nusdeo (op.cit.) ensina que enquanto o desenvolvimento pode "apresentar condições de se autossustentar", por arregimentar durante seu processo mecanismos de sustentação, o crescimento econômico, "por lhe faltarem tais condições, acaba por se resolver numa mera sucessão de ciclos, sem que se altere a estrutura básica da economia, a qual entre um ciclo e outro volta a chafurdar-se na estagnação e, mesmo, retrocesso". Complementa Nusdeo:

> (....) o conceito de desenvolvimento implica (...) o de sustentabilidade, no sentido de que, em cada fase do processo, são criadas condições para que ele continue a se manifestar na fase seguinte, levando a uma mudança não apenas quantitativa, mas estrutural – qualitativa – de todo o conjunto do aparelho produtivo de um país ou de uma região, os quais passam, assim, a se considerar desenvolvidos e não mais subdesenvolvidos..

A rigor, na atualidade, a sustentabilidade deixa de ser mero conceito, para se transformar em princípio norteador da ordem econômica e estimuladora do consumo. Nesse sentido, pontua muito bem Leonardo de Andrade Costa:

> A realização, no futuro, do direito fundamental à vida e bem assim da dignidade da pessoa humana depende da efetividade, no presente, do princípio da sustentabilidade ambiental na

produção econômica de bens e serviços, motivo pelo qual o objetivo fundamental do desenvolvimento nacional deve ser necessariamente sustentável. Nessa linha, por ser vetor axiológico implícito que transcende a ordem social e econômica, sendo, portanto, aplicável a todos os dispositivos constitucionais e, por conseguinte, imanente a todo ordenamento jurídico, constatar-se-á que a sustentabilidade ambiental consubstancia, também, conforme já salientado, parâmetro necessário à concessão de incentivos fiscais e tratamentos tributários privilegiados (Costa, 2012).

Diante da exaustão dos recursos naturais, do acelerado processo de degradação das águas existentes, das potencializadas mudanças climáticas, dos irresponsáveis desmatamentos, da excessiva demanda por bens e serviços e, por conseguinte, do exponencial crescimento do consumo (que gera o problema do lixo), a sustentabilidade deve ser, conforme as palavras de Leonardo de Andrade Costa (2012), "parâmetro necessário" para todas as políticas públicas de desenvolvimento, de saneamento básico, de processos de licitação. Aliás, o diploma normativo nacional de licitação e contratos, a Lei nº 8.666/93, estabelece como um dos requisitos para o empreendedor participar de licitação pública que sua atividade seja ambientalmente sustentável.

A Convenção sobre Diversidade Biológica de 1992 (CDB), resultado de trabalhos, seminários e debates realizados durante a ECO-92, no Rio de Janeiro, não apenas tirou as questões ambientais do cenário local e restritas a determinadas áreas do saber, levando-as para o cenário global, como também consagrou, de forma expressa, o princípio do desenvolvimento sustentável, atrelando-o à ideia da utilização racional e equilibrada dos recursos naturais, dentre eles a água (Carli, 2013).

Depois de anos sem regulamentação apropriada, tal convenção receberá tratamento normativo no cenário brasileiro. Foi aprovado, na Câmara dos Deputados, o Projeto de Lei nº 7735/2014, sobre biodiversidade, no dia 1º de fevereiro de 2015. A proposição legislativa encontra-se no Senado para votação.

No ano de 2000, os países membros da Organização das Nações Unidas reuniram-se na chamada Assembleia do Milênio para elaboração da Declaração do Milênio, cujos objetivos devem ser promovidos pela sociedade internacional até 2015. Entre eles, estão: a erradicação da extrema pobreza e da fome (vindo ao encontro de um dos objetivos do Brasil, conforme se extrai do art. 3º, inciso III, Constituição Federal de 1988); a universalização do ensino básico (no Brasil 8,3% da população ainda é analfabeta, e 26% são considerados analfabetos funcionais); redução da mortalidade infantil e melhoria da saúde materna; a concretização do princípio da sustentabilidade ambiental (caminhou bem a Constituição Federal de 1988, ao- estabelecer, no art. 170, a proteção do meio ambiente como um dos princípios norteadores da atividade econômica). A efetividade desse princípio no caso das águas implica sua gestão responsável e democrática: todos os consumidores devem assumir o papel de defensores, usando tal riqueza de forma a preservá-la e protegê-la para esta e para as futuras gerações.

É preciso também destacar a importância de se desenvolverem políticas públicas sérias voltadas para a implementação de sistemas universais de saneamento básico, prática fundamental à manutenção da qualidade das águas.

Vale acrescentar que a solidariedade e a responsabilidade são essenciais para a efetividade do princípio da sustentabilidade ambiental. A preocupação de cada um com o uso racional da água é fundamental para a preservação. Isso reflete o que a doutrina denomina de cidadania ambiental ou ecológica.

São corolários do princípio da sustentabilidade ambiental, a proteção, a preservação e a gestão dos mananciais hídricos. Segundo Ulrich Beck (2010), os riscos inerentes às sociedades modernas "têm fundamentalmente que ver com antecipação, com destruições que ainda não ocorreram, mas que são iminentes, e que, justamente nesse sentido, já são reais hoje".

A harmonização de políticas de proteção e preservação depende de uma gestão consciente, séria e responsável das águas. Não se pode mais apenas entregar a São Pedro a missão de mandar chuvas para encher os mananciais. O poder público, que detém a competência constitucional para gerir os recursos naturais, não é o único que deve cuidar das águas, trata-se de uma obrigação coletiva, considerando a ética do cuidado que todos os consumidores devem adotar.

No que se refere à *proteção*, o sentido que mais importa aqui neste texto é o de "cuidado (com algo ou alguém) mais fraco" (Houaiss, 2010). A proteção importa em um conjunto de medidas que visam promover ou garantir a sobrevivência de determinado bem ou coisa contra agentes externos danosos. O uso racional da água é um exemplo de medida de proteção.

A *preservação*, a seu turno, compreende um conjunto de ações, cujo objetivo é garantir a integridade e a perenidade de algo; confundindo-se com a conservação. Um exemplo para ilustrar é a manutenção da mata ciliar às margens de rios e nascentes.

As expressões *proteção* e *preservação* também se imbricam com outro vocábulo, a conservação, a qual, muitas vezes é tratada como sinônimo de preservação. A rigor, foi nos Estados Unidos, no final do século XIX, que surgiram duas correntes ideológicas, o conservacionismo e o preservacionismo. Segundo a corrente preservacionista, a natureza deve ser preservada das ações antrópicas, ou seja, da prejudicial interferência humana. Torna-se, portanto, necessária a criação de verdadeiros santuários ecológicos, intocáveis. Já o pensamento conservacionista procura conciliar amor à natureza com seu uso racional, a fim de garantir o desenvolvimento socioeconômico. Enquanto o preservacionismo busca a intocabilidade da natureza, o conservacionismo visa adequar o uso dos recursos naturais observando os seus limites.

As noções de preservação e proteção dos recursos naturais embasam os princípios da precaução e da prevenção. Com relação ao primeiro princípio (precaução), pode-se afirmar que ele tem como pressuposto as situações cujos potenciais de riscos ambientais ainda não são conhecidos nem mesmo por especialistas. Esse princípio – consagrado na Declaração do Rio de 1992 e em muitos outros documentos de intenção, além de diplomas normativos – apareceu de maneira significativa no direito internacional, especialmente a partir da Conferência das Nações Unidas sobre Meio Ambiente (ECO-92).

No direito brasileiro, é possível extrair o princípio da precaução da normativa gravada no art. 225, § 1º, IV, CF/88, quando determina o prévio estudo de impacto ambiental à promoção de atividades potencialmente causadoras de ameaça ambiental. Também é fácil reconhecer tal princípio na Lei nº 9.605/98 (crimes ambientais) e na Lei nº 6.938/81(Política Nacional do Meio Ambiente).

Por sua vez, o princípio da prevenção tem por escopo impedir riscos de danos em potencial, ou seja, coibir ou limitar atividades que já são, de notório conhecimento, potencialmente poluidoras ou danosas ao meio ambiente. Pode atuar delimitando o agir do administrador público e dos consumidores, com base em outros princípios, como os da sustentabilidade e responsabilidade socio-hídrica.

As expressões *gestão* e *governança* também merecem algumas considerações, por estarem diretamente relacionadas com *preservação* e *proteção*. A gestão compreende ato de gerir ou administrar algo. Já o termo *governança*, que tem sua origem na ciência política e nas relações internacionais, pressupõe a forma do exercício do poder "na administração dos recursos sociais e econômicos de um país visando ao desenvolvimento", segundo o documento do Banco Mundial *Governance and Development* (1992).

A gestão eficiente é fator determinante para a proteção, preservação e utilização sustentável dos recursos naturais. Ela tem como pressuposto um planejamento adequado, sério e responsável. Em entrevista concedida ao jornalista Tiago Dantas, do jornal *O Globo*, do dia 8 de novembro de 2014, o engenheiro especializado em recursos hídricos Leo Heller (nomeado para assumir em dezembro de 2014 a relatoria especial da ONU para os direitos à água e ao saneamento básico) afirmou que uma das causas para os problemas de acesso à água com qualidade e quantidade é a falta de planejamento adequado, pontuando o caso recente de escassez de água no maior estado brasileiro em termos populacionais e de atividades econômicas: São Paulo.

Além da função do poder público de planejar ações voltadas à proteção e à preservação dos recursos naturais, cumpre ressaltar o papel de cada indivíduo. É necessários que as pessoas revejam suas condutas com vistas a contribuir para a gestão sustentável das riquezas naturais, em especial, das águas.

Em um contexto no qual a demanda por bens e serviços cresce vertiginosamente, a conjugação de planejamento e gestão séria e responsável é fundamental para garantir a sustentabilidade das águas. Isso especialmente quando se verifica que, no mundo contemporâneo, em paralelo ao crescimento da economia, da ciência e da tecnologia, ampliam-se os causadores de poluição e seus nefastos efeitos.

Algumas empresas, embora ainda haja longo caminho a percorrer para atingir o equilíbrio entre desenvolvimento econômico e sustentabilidade ambiental, têm demonstrado preocupação e interesse em transformar as velhas práticas produtivas. Tais indústrias vêm introduzindo, em toda sua cadeia produtiva, elementos sustentáveis, de forma a amenizar os impactos ambientais. As práticas de produção e consumo de um bem, ainda que dentro de padrões sustentáveis, acabam causando impactos negativos ao meio ambiente.

Os impactos da água virtual nos mananciais hídricos brasileiros

A água, ao contrário de outros organismos vivos, não se reproduz, assim, tende à finitude se não se buscarem meios de garantir o seu uso sustentável. Também é preciso promover atividades especiais de conservação dos recursos naturais, implantar sistemas de saneamento básico e adotar tecnologias de captação e reuso de recursos hídricos. A preservação de florestas e das matas ciliares tem como funções básicas controlar a erosão nas margens dos cursos d'água, amenizar os efeitos de enchentes, preservar os aspectos quantitativos e qualitativos das águas e servir como espécie de filtro de resíduos de produtos químicos, a exemplo de agrotóxicos (Avzaradel, 2014).

Os múltiplos usos das águas implicam cenários distintos e, por conseguinte, mecanismos variados de gestão e cuidados. Estudos revelam que as atividades agropecuárias são as que mais utilizam água doce, compreendendo cerca de 70% do potencial total de água existente no planeta, enquanto a indústria utiliza aproximadamente 22%, restando ao uso doméstico 8% do líquido (Reunir, 2012). Tais percentuais, entretanto, podem variar de região para região, considerando especialmente as metodologias adotadas para uma gestão sustentável e responsável.

No cenário atual em que a sustentabilidade ambiental foi elevada ao patamar de princípio norteador das atividades econômicas, nos termos do art. 170 da Constituição Federal de 1988, os conceitos de água virtual e pegada hídrica tornaram-se relevantes, especialmente quando se busca harmonizar a atividade produtora de bens e serviços com a sustentabilidade dos recursos naturais, em particular, das águas.

A expressão "água virtual" (*virtual water*) foi utilizada pela primeira vez em 1993, pelo pesquisador inglês John Anthony Allan. Para esse estudioso, a água virtual influencia de forma significativa as políticas comerciais internacionais, bem como as pesquisas, em particular, em áreas onde há sérios problemas de escassez de recursos hídricos. Em estudo realizado no Oriente Médio, o cientista desenvolveu a "tese da importação da água virtual", por meio dos alimentos industrializados ou in natura, como forma de reduzir os impactos do uso de água em regiões onde o recurso é precário ou de má qualidade.

A concepção de água virtual compreende o quantitativo de recursos hídricos utilizado em toda a cadeia de produção de um bem. Esse conceito foi seguido por outro análogo, o da "pegada ecológica", proposta por Arjen Hoekstra (2014) aplicável aos recursos hídricos como a "pegada de água" (*water footprint*), que visualiza a água a partir de dois aspectos: a água doce, consumida diretamente pelos seres vivos (pessoas, animais, flora) e aquela utilizada nas cadeias produtivas (agropecuárias e industriais).

A pegada hídrica como instrumento metodológico para aferição do quantitativo de água doce utilizada para produção de um bem ou serviço tem como principal objetivo amenizar os impactos do uso, considerando a sua escassez e finitude. Desse modo, a partir da adoção da pegada hídrica pelos empreendedores, é possível melhorar a gestão das águas, assegurando a sua sustentabilidade.

Pode-se controlar a pegada hídrica, ou seja, reduzir o uso de água virtual na produção de bens e serviços, a partir da conscientização universal quanto às limitações do recurso. A tecnologia é uma grande aliada.

Conforme dados apresentados pela organização internacional *Water Footprint,* para a produção de um quilo de carne bovina, precisa-se, em média, de 15 mil litros de água. Já para a produção de um copo de 250 ml de cerveja, são necessários aproximadamente 75 litros de água virtual, considerando a água utilizada em todo o processo de produção, desde o plantio da cevada até o envasamento da cerveja.

Embora ainda haja um longo caminho a trilhar até alcançar o tão desejado equilíbrio entre sustentabilidade hídrica e desenvolvimento econômico, o mundo dos negócios tem começado a perceber a importância de transformar as velhas práticas produtivas, introduzindo em todo o ciclo elementos sustentáveis, que permitam amenizar os impactos ambientais. As práticas de produção e consumo de um bem, ainda que dentro de padrões sustentáveis, acabam alterando o ecossistema. Nesse sentido, Daniel Goleman (2009) aponta a importância da ecologia industrial, surgida na década de 1990, a qual agrega conhecimentos de química, física e engenharia com o objetivo, em síntese, de aferir e amenizar os impactos dos bens produzidos pelo homem sobre a natureza.

No setor industrial, a despeito dos inúmeros problemas que ainda permeiam tal atividade, visualizam-se avanços positivos envolvendo a relação entre o homem empreendedor e a natureza.

Vale realçar alguns exemplos, como o projeto de reúso de água da Petrobras. A estatal brasileira desenvolveu a primeira estação móvel de reaproveitamento de água, com a finalidade de abastecer suas refinarias. Já a Volkswagen do Brasil, indústria automobilística, reduziu, nos últimos dez anos, cerca de 14% do uso da água, tendo como parâmetro a meta do *Think Blue Factory* ("visa à redução de 25% no consumo de energia e água e na geração de resíduos, CO_2 e solventes, até 2018, de todas as fábricas do Grupo Volkswagen") (Imprensa Volswagen, 2015).

A indústria de bebidas, que tem na água um dos principais insumos, também tem buscado articular produção com preservação. A gestão das atividades da Ambev, por exemplo, tem como premissas a redução da captação de água; a diminuição do consumo de energia; o desenvolvimento de práticas de reciclagem dos resíduos e a redução na emissão de poluentes. A observância dessas metas, em cada estabelecimento, é controlada por um gerente ambiental da empresa (Carli, 2013).

Tais condutas empresariais ecologicamente sustentáveis começam a ser reconhecidas, não se restringindo apenas ao aspecto financeiro (com a economia nos usos de água e de energia), mas sobretudo com as vantagens indiretas ligadas à imagem da empresa perante a sociedade. Os efeitos imediatos são a confiança das pessoas nos produtos fabricados por uma empresa comprometida com o meio ambiente e o ganho de respeito frente à comunidade internacional.

Nessa senda, entende-se que o Brasil deveria inserir as concepções de água virtual e pegada hídrica nas discussões sobre política econômica, como forma de preservação e proteção de seus recursos naturais.

O Estado como tutor dos direitos fundamentais, como gestor dos bens públicos (inclusive do meio ambiente natural), tem a especial função de controlar a conduta humana, o que faz por meio das normas jurídicas. E o direito é um dos instrumentos necessários para a gestão de um bem tão imprescindível ao país como a água.

Capítulo 2

A água e o direito

Normatização da conduta humana à proteção das águas

O homem é o principal poluidor do meio ambiente, assim, faz-se necessário determinar regras e procedimentos para tentar minimizar o processo de degradação dos ecossistemas (entre eles os mananciais de água doce).

O Estado, os empreendedores, os cidadãos, os acadêmicos, os engenheiros, a mídia e todos os demais indivíduos devem ter em mente que, por mais esforços que se faça para preservar o planeta Terra, sempre haverá elementos que, em certo grau, causam-lhe algum tipo de degradação. Cabe aos homens – seres racionais – a tarefa de buscar soluções que diminuam os impactos negativos sobre o ecossistema em sentido amplo (planeta Terra), refletindo no bem-estar e na saúde de todos os seres vivos, incluindo aqui, as pessoas, os animais, as águas e demais elementos da flora. Já defendia o filósofo grego Aristóteles que o homem justo é aquele que agrega todas as virtudes não apenas em benefício próprio, mas para o bem da coletividade (Douzinas, 2009).

A ética ambiental, concebida como um conjunto de princípios e regras morais que impõe uma relação de cuidado e respeito entre o homem e a natureza, é um aspecto de extrema relevância para o direito, devendo ser considerada pelos formuladores de políticas públicas (administrativas ou legislativas) voltadas para a proteção e a preservação dos recursos naturais.

Abordar a ética ambiental implica conciliar discurso e ação, com o intuito de alçar a responsabilidade social à regra motriz do agir humano, reconhecendo valores norteadores da relação homem-natureza. Leonardo Boff (2010) defende a ética do cuidado, fundada em duas premissas básicas: a autolimitação e a justa medida. A primeira (autolimitação) compreende "a renúncia necessária que fazemos de nossos desejos e da voracidade produtivista e consumista para salvaguardar a integridade e a sustentabilidade de nosso planeta"; de tal sorte que a ética do cuidado para com o ecossistema deva ser o mote do agir humano.

A justa medida, por sua vez, "está na base de todas as virtudes, porque a justa medida é o ótimo relativo, o equilíbrio entre o mais e o menos" (Boff, 2010). Esse equilíbrio, no que diz respeito às ações humanas que geram impactos negativos ao meio ambiente, exige um exercício de cidadania ecológica, somado à vontade de mudar padrões de conduta.

Nesse contexto, assevera José Renato Nalini (2010):

> Somente uma conversão – ou uma reconversão ética – poderá inverter o círculo vicioso da inércia, da gastança, do desperdício, da insensibilidade, para uma existência de zelo pela na-

tureza. De uso responsável. De desenvolvimento sustentável. De sensibilidade ambiental. De amor à natureza e de amor ao próximo. De respeito à vida. De luta permanente para a consecução de uma vida digna.

A água, como elemento natural, finito e essencial à qualidade de vida das pessoas, dos animais e do próprio planeta Terra, justifica a tutela do Estado, que eleva tal riqueza à categoria de direito fundamental ao reconhecer a existência do *Direito de Águas* (conjunto de princípios e regras que disciplina a conduta humana em relação ao meio ambiente), como também fundamenta a tese do surgimento do *direito das águas*, segundo a qual a água deixa de ser objeto e passa a ser sujeito de direitos.

Sob o parâmetro jurídico, a água pode ser examinada como: um direito fundamental; elemento da natureza; direito de propriedade; direito de uso e como sujeito de direitos. Desse modo, pode ter, concomitantemente, vários regimes jurídicos, diversos conjuntos de normas regulando formas distintas do seu uso.

Em alguns países da Europa, como na França, há legislação própria para a água. A francesa Lei das Águas estabelece que a "água é parte do patrimônio comum da nação" e seu "uso pertence a todos". Entretanto prevê o regime jurídico clássico de recursos hídricos, fundado no direito de propriedade. Ou seja, na França se admite a existência de águas particulares.

No Brasil, por força do texto normativo esculpido no art. 225, da Constituição Federal de 1988, que eleva o meio ambiente à categoria de "bem de uso comum do povo", e tendo em vista que a água é um microbem ambiental, não há mais que se falar em águas privadas. A partir desse texto constitucional, os mananciais de águas compreendem bens públicos. Se um fazendeiro detém em suas terras um rio, as suas águas pertencem, dependendo do caso, a determinado estado (se o rio não transpassa mais de um estado) ou à União, podendo o fazendeiro dela usufruir.

A Carta Constitucional de 1988 não recepcionou, ou seja, não considera em vigor o art. 8º do Código de Águas, instituído pelo Decreto nº 24.643 de 10 de julho de 1934, que prevê a existência de águas particulares. De acordo com José Afonso da Silva (2004), não há mais a figura das águas particulares em solo pátrio desde o advento da Constituição Federal de 1988, a qual tornou públicos os recursos hídricos, outorgando à União e aos estados o seu domínio.

Direitos à água, de águas e das águas

Parece desnecessário indagar o porquê de o direito precisar disciplinar e tutelar os recursos naturais, em particular a água. Contudo, a problematização da temática se justifica pela sua extrema relevância para os seres vivos. Nessa trilha de reflexão, pontua a tecnóloga ambiental Regina Helena Pacca Costa (Costa, 2010) que a água é "a matéria-prima primordial à vida": palavras que sintetizam suas múltiplas, o que impõe sua disciplina normativa.

Nesse contexto, inserem-se as três concepções de direitos aqui propostas: o direito à água, o direito *de* águas e o direito *das* águas.

O direito à água consubstancia direito fundamental para todos os seres vivos (pessoas, animais e flora), porquanto tal riqueza traz como elementos nucleares a essencialidade e a fundamentalidade, que a transformam, por excelência, em direito natural, ainda que o direito institucionalizado, positivado, não o expresse como tal. Evidencia-se, entretanto, que o reconhecimento do direito fundamental à água potável pelo Estado reforça sua importância também para a realização de outros direitos e garantias fundamentais do homem. Sem o acesso equitativo à água tratada, não se configura o respeito à dignidade da pessoa humana, princípio fundamental da República Federativa do Brasil, nos termos do art. 1º. Inciso III, da Constituição Federal de 1988.

Não se pode perder de vista que a água, por suas características de fundamentalidade e essencialidade à vida, deve ser garantida a todos, dentro de um padrão do mínimo existencial.

A proteção ao mínimo existencial, sendo pré-constitucional, está ancorada na ética e se fundamenta na liberdade, ou melhor, nas condições iniciais para o exercício da liberdade, na ideia de felicidade, nos direitos humanos e nos princípios da igualdade e da dignidade humana. (Torres, 2009)

Não faltam argumentos para justificar a tese de que a água compreende um direito fundamental natural, impondo sua universalização. A rigor, não se pode pensar em políticas públicas de saúde sem levar em conta a concretização dos direitos ao saneamento básico, que inclui água potável, tratamento e coleta de esgoto e reciclagem do lixo.

Na sequência, tem-se o direito *de* águas (também denominado de direito hídrico), o qual compreende área específica do direito, podendo ser conceituado, segundo Cid Tomanik Pompeu (2010) como o "conjunto de princípios e normas jurídicas que disciplina o domínio, o uso, o aproveitamento, a conservação e a preservação das águas, assim como a defesa contra suas danosas consequências". Ou seja: o direito de águas corresponde ao sistema normativo responsável pela disciplina e regulação de seus usos, sendo fundamental para sua gestão sustentável.

O direito, sob uma perspectiva sociológica, é, ao mesmo tempo, um instrumento por meio do qual o homem politicamente civilizado orienta sua conduta em busca do equilíbrio das relações e uma função social, no sentido de que desempenha os papéis de criador e transformador da realidade. Assim, o direito, como instituidor de regras, é fundamental para controlar e disciplinar as ações antrópicas em relação aos mananciais de água. No caso, tem-se no direito *de* águas o(s) regime jurídico(s) delineado(s) pelo Estado, considerando as especificidades de cada região.

No Brasil, é possível reconhecer o direito *de* águas na Constituição Federal de 1988, nos diplomas normativos infraconstitucionais (leis e seus respectivos regulamentos), nas resoluções dos órgãos de fiscalização, bem como nos tratados e acordos internacionais.

Embora o texto constitucional brasileiro de 1988 não tenha sido o marco normativo das questões ambientais, deve-se atribuir a ele o mérito de promover a cidadania ecológica, ao estabelecer capítulo próprio ao meio ambiente, elevando-o, em seu art. 225, ao patamar de direito difuso e bem de uso comum de todos. Entende-se, todavia, que a Carta Magna de 1988 poderia ter tratado de forma expressa sobre o direito de águas.

Por fim, cumpre trazer à luz a polêmica do direito *das* águas, defendida em tese de doutoramento e posteriormente publicada (Carli, 2013).

Em síntese: busca-se demonstrar a relevância de elevar a água à categoria de sujeito de direitos, a partir de uma razão basilar: a necessidade de despertar a consciência ecológica e o dever de cuidado para com as águas em todas as pessoas.

Para tanto, as tradicionais relações jurídicas, concebidas de forma triangular, em que há, pelo menos, um indivíduo em cada polo e um objeto no meio que os vincula, devem ser reavaliadas, a fim de que se possa harmonizar à ideia de a natureza, mais especificamente a água, ser elevada à categoria de sujeito de direitos.

No que se refere à tese da existência de direitos da natureza, vale destacar o pioneirismo da Constituição do Equador de 2008, que estabelece tais direitos, conforme se verifica em seu art.71:

Derechos de la naturaleza
Art. 71 La naturaleza o Pacha Mama, donde se reproduce y realiza la vida, tiene derecho a que se respete integralmente su existencia y el mantenimiento y regeneración de sus ciclos vitales, estructura, funciones y procesos evolutivos. Toda persona, comunidad, pueblo o nacionalidad podrá exigir a la autoridad pública el cumplimiento de los derechos de la naturaleza. Para aplicar e interpretar estos derechos se observaran los princípios establecidos en la Constitución, en lo que proceda. El Estado incentivará a las personas naturales y jurídicas, y a los colectivos, para que protejan la naturaleza, y promoverá el respeto a todos los elementos que forman un ecosistema.[1]

---

[1] Direitos da natureza. A natureza, ou Pacha Mama, onde se reproduz e se realiza a vida, tem direito de que se respeite integralmente sua existência e a manutenção e regeneração de seus ciclos vitais, estrutura, funções e processos evolutivos. Toda pessoa, comunidade, povoado ou nação poderá exigir ao poder público o cumprimento dos direitos da natureza. Para aplicar e interpretar estes direitos devem ser observados os princípios estabelecidos na Constituição. O Estado incentivará às pessoas físicas e jurídicas e aos coletivos que protejam a natureza, bem como promoverá o respeito a todos os elementos que integram um ecossistema.

Alguns autores, a exemplo do economista equatoriano Alberto Acosta (2014), defendem a promulgação de uma Declaração Universal dos Direitos da Natureza, porquanto tal ato, embora não tenha força de lei, tem a função primeira de reconhecimento internacional de sua importância e da necessidade de padronizar condutas éticas e sustentáveis para com a *Pacha Mama* (maneira como os equatorianos se referem à terra).

A ONU promulgou em 1992 a *Declaração Universal dos Direitos da Água*, a qual representa importante passo, ainda que sob o aspecto meramente didático, para a preservação e a proteção. O reconhecimento, pela sociedade internacional, da importância da água é fundamental para o desenvolvimento de uma cultura de cuidado, respeito e proteção: para a construção de valores ético-ambientais.

Da *Declaração Universal dos Direitos da Água* é possível extrair também os fundamentos que embasam a tese da possibilidade de existência da categoria dos direitos fundamentais *das* águas, estas como sujeitos de direitos e titulares de dignidade.

Nessa perspectiva, o homem ocuparia duas posições distintas: a de predador e a de defensor das águas. Para ilustrar, valer transcrever parte do documento:

> 7. A água não deve ser desperdiçada, nem poluída, nem envenenada. De maneira geral, sua utilização deve ser feita com consciência e discernimento para que não se chegue a uma situação de esgotamento ou de deterioração da qualidade das reservas atualmente disponíveis.
> 8. A utilização da água implica em respeito à lei. *Sua proteção constitui uma obrigação jurídica para todo homem ou grupo social que a utiliza. Esta questão não deve ser ignorada nem pelo homem nem pelo Estado.*

9. A gestão da água impõe um equilíbrio entre os imperativos de sua proteção e as necessidades de ordem econômica, sanitária e social. (grifo nosso).

Por que elevar a água à categoria de sujeito de direitos e possuidora de dignidade? Eis a pergunta que muitas pessoas fazem porque ainda estão com seu olhar voltado para a concepção de que a natureza é mero objeto à disposição do homem.

Sem descuidar da visão clássica predominante no direito de que uma relação jurídica se forma a partir de, pelo menos, uma pessoa em cada lado da relação e um objeto que os vincula, não se pode olvidar, todavia, que foi o próprio direito que criou a pessoa artificial, denominada pessoa jurídica. O objetivo, no caso das sociedades empresárias, era eminentemente prático e econômico. Desse modo, cabe refletir: por que não partir de fundamentos semelhantes à criação da pessoa jurídica para se construir a figura da pessoa especial *sui generis*; a água?

A construção da tese de que a água é sujeito de direitos encontra respaldo na necessidade premente de mudança de paradigmas e de condutas humanas, a fim de se alcançar a tão desejada conscientização ecológica. A água precisa de cuidados especiais, tanto no que se refere ao seu aspecto quantitativo, quanto ao elemento da qualidade.

Outro argumento perfilado para a defesa da tese de elevar a água à categoria de sujeito de direitos diz respeito à necessidade de se estabelecerem novos parâmetros para a construção de uma nova relação entre o homem e a natureza, na qual o princípio da igualdade e o respeito são pressupostos essenciais.

Também é esperado, com a defesa da ideia de que a água pode ser sujeito de direitos, que o homem tenha a capacidade de se imaginar no lugar da natureza, de modo a avaliar como se sentiria se alguém invadisse seu habitat sem o devido cuidado e respeito.

Sob a perspectiva jurídica, a razão de se elevar a água ao patamar de sujeito de direitos seria a possibilidade de qualquer pessoa, esta como sua tutora universal, poder manejar os instrumentos constitucionais processuais para defendê-la, a exemplo da ação popular (mecanismo à disposição de qualquer cidadão para repelir ato lesivo ao meio ambiente), prevista no art. 5º, LXXIII, da Constituição Federal de 1988, e da representação junto aos órgãos públicos (Secretaria do Meio Ambiente, Ministério Público etc.).

O direito *das* águas surge em um contexto no qual a natureza e, por conseguinte, seus recursos naturais, encontram-se em exaustão, clamando por socorro. Situação que impõe à humanidade o dever de agir para salvar a si mesma e o planeta Terra. Defender o direito *das* águas significa dar um passo à frente rumo ao respeito e à preservação do meio ambiente.

Acredita-se que o reconhecimento expresso na Constituição Federal de 1988 do direito fundamental à água, ao lado do direito ao saneamento básico, no capítulo dos direitos e garantias fundamentais e, bem assim, do direito *das* águas, em capítulo próprio ou inserido no capítulo do meio ambiente, poderia contribuir para, além da construção de uma nova relação entre homem e natureza, ampliar o escopo de proteção das águas brasileiras, uma vez que aumentará o número de seus tutores. Ao lado do Estado, estarão os cidadãos.

A tutela do meio ambiente e as funções dos entes federados

As funções (competências) constitucionais visam fundamentalmente delimitar o espaço de atuação, bem como a responsabilidade de cada ente político (União, estados, municípios e Distrito Federal), órgão ou agente político-administrativo, no que diz respeito à realização das finalidades públicas.

Para o constitucionalista brasileiro Uadi Lammego Bulos (2014), as competências constitucionais, também designadas de federativas, "são parcelas de poder atribuídas, pela soberania do Estado Federal, aos entes políticos, permitindo-lhes tomar decisões no exercício regular de suas atividades, dentro do círculo pré-traçado pela Constituição da República", a qual delimita o poder político por meio da técnica da divisão ou repartição de competências.

A distribuição das funções de cada ente político leva a adoção do critério do princípio da predominância do interesse (que pode ser nacional regional ou local) – metodologia que nem sempre funciona de maneira eficiente –, ou a outras técnicas de repartição de competências, que assumem feições distintas de acordo com o contexto geopolítico de cada país.

O Brasil adota várias técnicas, incluindo o princípio da predominância do interesse. Pela Constituição, há, pelo menos, nove técnicas de repartição de competências, divididas em dois grupos – sem descuidar da existência de outras classificações doutrinárias: as competências legislativas e as competências administrativas ou materiais. Para melhor compreensão, seguem os esquemas abaixo, baseados nas lições de Bulos (op.cit.):

Competência Administrativas (materiais): CR/88
1. Exclusiva (Enumerada, art. 21, e Remanescente, art. 25, § 1º) 2. Comum, art. 23 3. Decorrente (implícita na CR/88) 4. Originária, art. 30.

Competências Legislativas: CR/88
1.Privativa, art. 22 2.Concorrente, art. 24 3.Suplementar, art. 24, §§1º, 2º, 3º e 4º 4.Residual, art. 154, I 5.Delegada, art. 22, p.u., art. 23, p.u. 6.Originária, art. 30, I.

As competências de caráter administrativo (materiais) compreendem as atividades estatais vinculadas aos encargos próprios de gestão (administração) e organização da coisa pública. São, basicamente, quatro técnicas: 1) a exclusiva, não passível de delegabilidade, ou seja, o ente político que a detém não pode transferi-la a outro; 2) a comum (também denominada de cumulativa ou paralela), que encontra seu fundamento no processo de descentralização e cooperação entre os entes federados, sendo a todos atribuída para que possam executar as funções institucionais. (Com efeito, o art. 23, da Constituição de 1988, traz um rol de atividades afetas à administração da União, dos estados, dos municípios e do Distrito Federal entre as quais estão: a proteção do meio ambiente; o combate a todo tipo de poluição; a preservação das florestas, da fauna e da flora e a fiscalização das concessões de direitos de pesquisa e exploração de recursos hídricos e minerais em seus espaços territoriais); 3) as competências administrativas decorrentes (também denominadas de resultantes, implícitas ou inerentes), no dizer de Uadi Lammego Bulos (2014), são aquelas "inseridas nas entrelinhas da Constituição, decorrendo de uma competência expressa". E exemplifica: "o Supremo Tribunal Federal detém competência para fiscalizar, em abstrato, a constitucionalidade de emendas constitucionais tendentes a abolir o pacto federativo, nada obstante o fato de a Carta Magna referir-se, apenas, à forma federativa de Estado (art. 60, § 4º, I, CR/88)". Por fim, 4) A competência comum administrativa originária é aquela que surge com a criação da nova ordem constitucional, direcionada para determinado ente federativo; a exemplo do art. 30, da Carta Maior de 1988.

As competências legislativas, a seu turno, decorrem da aptidão dos entes federados para editar normas gerais e abstratas. A Constituição apresenta, pelo menos, seis técnicas de divisão de competência legislativa: 1) privativa, art. 22; 2) concorrente, art. 24; 3) suplementar, art. 24, §§ 1º, 2º, 3º e 4º; 4) residual, art. 154, I; 5) delegada, art. 22, p.u., e art. 23, p.u. e 6) originária, art. 30, I.

Na seara da gestão dos recursos naturais, em especial das águas, as competências constitucionais ganham relevo, pois é a partir delas que as obrigações e responsabilidades de cada ente político são delimitadas, embora nem sempre a delimitação seja clara.

De acordo com Diogo Moreira Neto (2001) a Carta de 1988 prevê uma "tríplice inserção da água": ora como "recurso natural", ora como "elemento primário do saneamento básico" e ora como "fator ambiental". Assim, a água como "recurso natural" recebe da normativa constitucional vigente a seguinte disciplina:

a) partilha o seu domínio entre a União e os estados (arts. 20, III e art. 25, § 3º, CF/88);

b) atribui competência legislativa privativa (à União) para legislar sobre águas (art. 22, IV, CF/88);

c) atribui competência à União para instituir o sistema nacional de gerenciamento de recursos hídricos e definir critérios de outorga de direitos de seu uso (art. 21, XIX, CF/88).

A água, como "elemento primário do saneamento básico" recebe da Constituição Federal o seguinte tratamento, segundo Moreira Neto:

a) atribui competência à União para estabelecer diretrizes em nível nacional (art. 21, XX, CF/88);

b) atribui implicitamente competência aos Municípios para prestar serviços de água onde prevaleça o interesse local (art. 30, V, CF/88);

c) atribui competência aos estados para definir regiões metropolitanas, as aglomerações urbanas e as microrregiões, nas quais deva prevalecer o interesse comum sobre o local (art. 25, § 3º, CF/88).

Já a água, como "fator ambiental", recebe da Constituição a seguinte disciplina:

a) atribui competência concorrente limitada à União e aos estados para legislar sobre a conservação de recursos naturais e meio ambiente (art. 24, I, CF/88);

b) atribui aos três níveis federativos competência administrativa para proteger o meio ambiente (art. 23, VI, CF/88);

c) atribui aos estados competência para executar funções políticas de interesse comum (art. 25, § 3º, CF/88).

Outro ponto importante se refere ao domínio dos recursos hídricos. A Constituição Federal de 1988 estabelece a sua divisão do domínio entre a União e os estados, silenciando quanto aos municípios. Assim, em seu art. 20 dispõe, *in verbis*:

Art. 20. São bens da União:
(...)
III - os lagos, rios e quaisquer correntes de água em terrenos de seu domínio, ou que banhem mais de um estado, sirvam de limites com outros países, ou se estendam a território estrangeiro ou dele provenham, bem como os terrenos marginais e as praias fluviais;
IV - as ilhas fluviais e lacustres nas zonas limítrofes com outros países; as praias marítimas; as ilhas oceânicas e as costeiras, excluídas, destas, as que contenham a sede de Municípios, exceto aquelas áreas afetadas ao serviço público e a unidade ambiental federal, e as referidas no art. 26, II;
V - os recursos naturais da plataforma continental e da zona econômica exclusiva;
VI - o mar territorial;
VII - os terrenos de marinha e seus acrescidos;
VIII - os potenciais de energia hidráulica;
IX - os recursos minerais, inclusive os do subsolo;
X - as cavidades naturais subterrâneas e os sítios arqueológicos e pré-históricos.
No que se refere aos estados, a Carta estabelece, em seu art. 26, os bens que estão sob o seu domínio, conforme se extrai do dispositivo:
I - as águas superficiais ou subterrâneas, fluentes, emergentes e em depósito, ressalvadas, neste caso, na forma da lei, as decorrentes de obras da União;
II - as áreas, nas ilhas oceânicas e costeiras, que estiverem no seu domínio, excluídas aquelas sob domínio da União, Municípios ou terceiros;
III - as ilhas fluviais e lacustres não pertencentes à União.

Uma dúvida que surge em relação ao domínio dos estados federados sobre as águas subterrâneas, objeto de análise de Eldis Camargo e Emiliano Ribeiro (2009), diz respeito às águas que perpassam o território de um ente político e alcançam o do outro; ou ainda quando tais águas ultrapassam o espaço geográfico do próprio país, atingindo a área territorial de um vizinho.

Para tentar resolver essa questão, tramitou no Congresso Nacional a Proposta de Emenda à Constituição nº 43 de 2000, de autoria de 29 senadores, na qual se buscava sanar possíveis conflitos de interpretação envolvendo a titularidade do domínio das águas subterrâneas que atravessassem o território de mais de um ente federado ou mesmo de um país. Nos termos da proposição, conforme revela a relatora *ad hoc* do parecer, a senadora Kátia Abreu:

> a titularidade das águas subterrâneas que se estendem por mais de um estado pertencem à União, decorre de uma interpretação restritiva do art. 26, I, da Carta Magna. Esse dispositivo determina serem bens dos estados *as águas superficiais ou subterrâneas, fluentes, emergentes e em depósito*. O art. 20, I, por sua vez, atribui à União as *correntes de águas que banhem mais de um estado*, mas silencia com respeito às águas subterrâneas. De acordo com esse entendimento, o critério de titularidade dominial das águas superficiais deveria ser estendido, por analogia, para as águas subterrâneas (grifo no original).

Em sentido contrário à posição da proposta em comento, a senadora Kátia Abreu assim se pronunciou no parecer:

A medida consignada na proposta em exame mostra-se contrária ao modelo descentralizado de gestão de recursos hídricos desenvolvido nos últimos anos, que, em nossa visão, é o que melhor se adapta à necessidade de conciliar o aproveitamento dos recursos à gestão ambiental, especialmente em vista do nosso arranjo federativo e das dimensões do país. O debate travado na Audiência Pública (...) sobre a titularidade e o gerenciamento das águas revelou que a transferência para a União da titularidade das águas subterrâneas não contribui para o aperfeiçoamento da Política Nacional de Recursos Hídricos.

Nessa linha de pensamento, eventuais conflitos poderiam ser solucionados pelo Conselho Nacional de Recursos Hídricos. Seria necessário mudar a Constituição e a Lei Nacional das Águas, pois, de acordo com o art. 84 da Carta Magna de 1988, cabe ao chefe de Estado (presidente da República) resolver conflitos envolvendo outros Estados soberanos. Quanto às funções institucionais do Conselho Nacional de Recursos Hídricos, previstas no diploma normativo das águas, não há a prerrogativa para resolver conflitos extraterritoriais.

A despeito das dificuldades para se harmonizar as funções dos entes federados, com vistas a tutelar as águas, parece não haver dúvida de que o texto constitucional vigente atribui responsabilidade pela preservação do meio ambiente a todos, os quais, por meio de ações materiais, deverão agir de tal modo responsável a fim de desenvolver políticas públicas com a finalidade de garantir a gestão sustentável dos recursos hídricos.

O disposto no art. 225 da Constituição estabelece como princípio basilar de observância obrigatória a defesa do meio ambiente:

Art. 225. Todos têm direito ao meio ambiente ecologicamente equilibrado, bem de uso comum do povo e essencial à sadia qualidade de vida, impondo-se ao Poder Público e à coletividade o dever de defendê-lo e preservá- lo para as presentes e futuras gerações.

Na seara internacional, vale destacar também a Constituição da Venezuela de 1999, a qual estabelece, em seu art. 127, a obrigação do Estado, com a participação da coletividade, de tutelar as águas. A Constituição da Bolívia de 2007 prevê, em seu art. 16.1, que *"toda persona tiene derecho al agua y a la alimentación"*.[2] É de se notar que esta Constituição, ao revés da brasileira de 1988, estabelece de forma expressa o direito fundamental à água, ou seja, o Estado boliviano eleva a água ao patamar de direito fundamental, tanto sob a perspectiva material, quanto sob o aspecto formal.

Pelo exposto, não é sem propósito que se apregoa a necessidade de a Constituição Federal de 1988 reconhecer expressamente o direito fundamental à água e os direitos fundamentais *das* águas, a fim de se construir novos valores, e bem assim nova relação entre a humanidade e o "ouro azul". São prementes tais mudanças de paradigmas.

---

[2] "Toda pessoa tem direito à água e à alimentação".

Capítulo 3

Água é vida: eu cuido, eu poupo

O espaço urbano e o saneamento básico: reflexos no uso doméstico da água

Em julho de 2010, a Organização das Nações Unidas, em sua 64ª Assembleia Geral, 108ª Reunião Plenária, reconheceu o acesso à água limpa e ao saneamento como direitos humanos fundamentais. Após um ano, tais direitos foram expressamente reconhecidos por outra agência internacional ligada a ONU, a Organização Mundial de Saúde (OMS), que, por meio de resolução, destacou a importância da água potável e do saneamento básico para a saúde.

Calcula-se que cerca de 884 milhões de pessoas não são contempladas com o acesso à água potável, e mais de 2,6 bilhões não possuem saneamento básico. Não se pode ignorar também o número alarmante de crianças que diariamente chegam ao óbito em razão de doenças causadas pela ausência de água limpa e serviço de esgoto adequado.

Nesse cenário, em que a sociedade internacional busca o reconhecimento dos direitos fundamentais ao saneamento básico e à água, indaga-se: por que o Brasil ainda não inseriu de forma expressa tais direitos no rol daqueles previstos no texto constitucional de 1988?

Água é vida! Essa afirmativa parece óbvia à primeira vista, mas não está tão evidente no dia a dia de milhares de brasileiros que desperdiçam água tratada, usando-a para limpeza de calçadas, descarga de banheiros, resfriamento de máquinas; situações para as quais o sistema de água de reuso resolveria com louvor.

A realidade brasileira revela que ainda é exíguo o número de pessoas que se preocupam com a economia dos recursos hídricos, pois convivem com a ideia de que a água é abundante. De fato, o Brasil detém parcela significativa dessa riqueza em seu território. A distribuição, entretanto, é desigual, considerando aspectos geográficos, sociais e econômicos. A região Amazônica, que detém cerca de 70% dos recursos hídricos do país, possui baixa densidade demográfica e pouca exploração de atividade econômica. Já outras áreas, como Sul e Sudeste, mais populosas, com maior índice de exploração de atividades pecuárias, agrícolas e industriais, possuem apenas 12% do total (Suassuna, 2011).

O gráfico é esclarecedor:

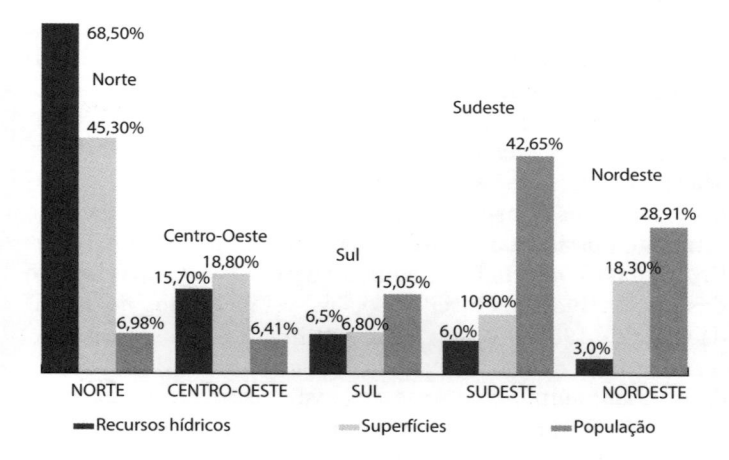

	NORTE	CENTRO-OESTE	SUL	SUDESTE	NORDESTE
Recursos hídricos	68,50%	15,70%	6,5%	6,0%	3,0%
Superfícies	45,30%	18,80%	6,80%	10,80%	18,30%
População	6,98%	6,41%	15,05%	42,65%	28,91%

Ao tratar da importância da água virtual no Capítulo 1, ressaltou-se que agricultura e indústria, juntas, consomem aproximadamente 92% dos recursos hídricos. Em regra, a agricultura utiliza cerca de 70% e a indústria 22% do total da água doce. Tal fato impõe medidas de racionalização, com o uso eficiente de tecnologias e de outros instrumentos de natureza jurídica e econômica, a exemplo da outorga controlada do seu uso, prevista no diploma normativo nacional das águas (Lei nº 9.433/97).

O consumo doméstico, que abrange as famílias e as atividades exercidas no cenário urbano, atinge aproximadamente 8% dos mananciais de água doce, o que torna relevante o exame do uso também essas áreas.

O espaço urbano *é* um lugar construído pelo homem que ultrapassa o mero limite geográfico, pois revela um modo de vida, de desenvolvimento econômico, social, ambiental e cultural de determinada comunidade.

Além de ser o *locus* da cidadania, o espaço urbano é o lugar onde as pessoas exercem seus direitos e deveres. José Roberto Marques (2005) assevera que a cidade é resultado da "conjugação de todos os aspectos", não se restringindo ao elemento artificial, possibilitando uma vida saudável para todos, a partir de suas "construções e equipamentos" e da concretização dos imperativos dos direitos sociais, estabelecidos no art. 6º da Carta de 1988.

A despeito de esta Constituição elevar a cidade à posição de bem ambiental, conforme observa Celso Antonio Pacheco Fiorillo (2008), os desafios por confluir interesses múltiplos são grandes, como os direitos ao desenvolvimento econômico e à moradia digna para todos (com fornecimento de água potável e sistemas de coleta e tratamento de esgoto e lixo) de um lado, e de outro, a preservação do meio ambiente.

O direito à água com qualidade depende da concretização do direito ao saneamento básico, o qual compreende, nos termos do art. 3º, do diploma normativo nacional de saneamento básico (Lei nº 11.445/20070):

Art. 3º Para os efeitos desta Lei, considera-se:
I - saneamento básico: conjunto de serviços, infraestruturas e instalações operacionais de:
a) abastecimento de água potável: constituído pelas atividades, infraestruturas e instalações necessárias ao abastecimento público de água potável, desde a captação até as ligações prediais e respectivos instrumentos de medição;

b) esgotamento sanitário: constituído pelas atividades, infraestruturas e instalações operacionais de coleta, transporte, tratamento e disposição final adequados dos esgotos sanitários, desde as ligações prediais até o seu lançamento final no meio ambiente;
c) limpeza urbana e manejo de resíduos sólidos: conjunto de atividades, infraestruturas e instalações operacionais de coleta, transporte, transbordo, tratamento e destino final do lixo doméstico e do lixo originário da varrição e limpeza de logradouros e vias públicas;
d) drenagem e manejo das águas pluviais urbanas: conjunto de atividades, infraestruturas e instalações operacionais de drenagem urbana de águas pluviais, de transporte, detenção ou retenção para o amortecimento de vazões de cheias, tratamento e disposição final das águas pluviais drenadas nas áreas urbanas.

A materialização do direito fundamental à água e dos direitos fundamentais da água pressupõe a implementação efetiva e universal do saneamento básico; condição de possibilidade daqueles direitos vinculados ao líquido vital.

O conceito legal de saneamento básico é bastante amplo, envolvendo desde as estruturas de tratamento e fornecimento de água e de serviço de esgoto até a limpeza urbana, o manejo de resíduos sólidos e a drenagem de águas pluviais (decorrentes de chuvas) urbanas.

Em 2013, o Governo Federal editou a Lei nº 12.862, a qual estabelece diretrizes nacionais para o saneamento básico, com o objetivo de incentivar a economia no consumo de água, a exemplo de "adoção de medidas de fomento à moderação do consumo de água", "estímulo ao desenvolvimento e aperfeiçoamento de equipamentos e métodos economizadores de água"; "incentivo à adoção de equipamentos sanitários que contribuam para a redução do consumo de água; e "a promoção da educação ambiental voltada para a economia de água pelos usuários".

Infelizmente, a efetividade dos direitos fundamentais ao acesso à água potável e ao serviço de coleta e tratamento de esgoto ainda está longe de alcançar a sua universalização no Brasil. Segundo o estudo realizado pelo Instituto Trata Brasil, "Ranking do Saneamento", entre as 100 maiores cidades do país, apenas seis possuem tratamento de esgoto superior a 81%, são elas: Sorocaba (SP), Niterói (RJ), São José do Rio Preto (SP), Jundiaí (SP), Curitiba (PR) e Maringá (PR). Já, no tocante à coleta de esgoto, a média da população atendida com coleta de esgoto alcança o patamar de 59,1%, sendo que apenas cinco cidades apontam ter 100% de coleta: Belo Horizonte (MG), Santos (SP), Jundiaí (SP), Piracicaba (SP) e Franca (SP) (Trata Brasil, 2014).

O estudo também revela o grave problema com perdas de água, em razão de fatores diversos. Entre as 100 cidades, a perda média de água chega a 40,46%, bem acima da média geral do país, que já é alta, de 36% em 2010. Isso evidencia, mais uma vez, que é preciso rever os mecanismos de gestão deste bem precioso.

A universalização do direito ao acesso à água potável e aos serviços de tratamento de esgoto e coleta de lixo (essa, por certo, deveria ser sempre seletiva, a fim de que o lixo deixasse de ser problema para se transformar em solução, gerando novos insumos menos prejudiciais ao meio ambiente) está atrelada ao direito à cidade e tem como corolário o respeito à dignidade da pessoa humana e a do meio ambiente.

Aliás, a concretização do direito à cidade depende de variados fatores que enfeixam uma série de elementos correspondentes a problemas que precisam de soluções efetivas. Entre eles: a) implementação efetiva, de forma universal, de um sistema de saneamento básico, uma vez que a boa qualidade da água está intrinsecamente ligada ao destino que se dá ao esgoto industrial e doméstico e ao lixo; b) expansão, com sustentabilidade ambiental, da política habitacional para assentar pessoas de baixa renda; c) desenvolvimento da educação ambiental, com vistas a despertar a cidadania ecológica, por meio das instituições de ensino, da mídia, das empresas e de outros atores comprometidos com um meio ambiente saudável e equilibrado; e, ainda, d) a adoção de tecnologias que, ao mesmo tempo, contribuam e possibilitem o uso sustentável dos recursos naturais.

A gestão do lixo tornou-se um dos maiores desafios para as cidades, especialmente quando se depara com o exponencial crescimento da população e do consumo por bens e serviços. Tal problema tem sido objeto de discussão por todos os lados. Apenas como exemplo, vale destacar o encontro de prefeitos das maiores cidades do mundo, que ocorreu em 2011, na cidade de São Paulo, o evento denominado *C-40*. Alguns prefeitos demonstraram que políticas públicas voltadas para a sustentabilidade ambiental e com a adoção de tecnologias são possíveis e que o lixo pode transformar em benefícios, o que, para muitas cidades, ainda é um grande problema. Na ocasião, o prefeito de Copenhagen, Frank Jensen, trouxe exemplos positivos com o uso do lixo (Chiaretti, 2010). Metade do lixo produzido lá é direcionado para reciclagem, outra parte vai para produção de energia, a qual é utilizada nas residências da capital da Dinamarca, e apenas 2% destina-se aos aterros sanitários.

Vale trazer à baila outro exemplo interessante e recentemente implementado na cidade britânica de Bristol: o "Projeto Ônibus Sanitário". O nome se dá em razão de ser o combustível oriundo de excrementos humanos (Istoé, 2015).

O Brasil, apesar da existência da Política Nacional de Resíduos Sólidos, ainda apresenta triste cenário quando o tema é o lixo. A Lei nº 12.305, de 2 de agosto de 2010, disciplinadora dessa política, impõe aos municípios a elaboração de planos e projetos de gestão de resíduos sólidos até 2012, podendo contar com o apoio financeiro da União. Estabelece ainda o fechamento de lixões a céu aberto até 2014, admitindo apenas o descarte de material não passível de reciclagem nos aterros sanitários. Até o momento, percebe-se pouca evolução no que diz respeito à efetividade dessas normas jurídicas.

No país, a produção de lixo chega a 43,8 milhões de toneladas ao ano. Desse total, mais de 50% advém de sobras de alimentos não consumidos. Uma parcela significativa do povo brasileiro desperdiça alimentos, seja na hora de seu preparo, seja no momento do seu consumo (Bianchini, 2011).

Esta é uma realidade preocupante, pelo lado do desperdício de alimentos, considerando o alto custo ambiental de sua produção, que envolve consumo de água (água virtual) e, em regra, o uso de agrotóxicos, os quais acabam causando danos ao meio ambiente; sem falar da excessiva produção de lixo.

Assim, entende-se que a gestão pública das águas no espaço urbano depende de múltiplos aspectos e da participação de todos, a despeito de sua complexidade. É obrigação de todos agir de tal modo a diminuir ao máximo o impacto ao meio ambiente, como por exemplo: buscar reciclar seu lixo; usar adequadamente a água; não jogar lixo nas ruas, pois, além de sujar a cidade, contribui para o entupimento dos ralos públicos, causando enchentes em época de chuvas.

A água doce é essencial à existência da vida, fundamental ao desenvolvimento econômico e à produção de alimentos, imprescindível ao uso doméstico, especialmente no espaço urbano, construído artificialmente pelas cidades.

A educação ambiental: instrumento necessário à proteção das águas

Muitas pessoas padecem de uma enorme ignorância em relação ao meio ambiente natural. A natureza é percebida pelos sentidos, mas não é compreendida, pois falta o conhecimento do "ser" de cada ecossistema.

O direito brasileiro vem tentando promover a educação ambiental. A Constituição Federal, no capítulo dedicado ao meio ambiente, no art. 225, estabelece, entre os deveres do poder público, a promoção da educação ambiental em todos os níveis de ensino e a conscientização pública para a preservação do meio ambiente.

No âmbito infraconstitucional, a Lei nº 6.938/81 já previa a educação ambiental como um dos princípios da Política Nacional do Meio Ambiente. Em 1999, o governo federal instituiu a Política Nacional de Educação Ambiental, por meio da Lei nº 9.795, a qual estabelece, em seu art. 4º, os seus princípios. Entre eles: "o enfoque humanista, holístico, democrático e participativo"; e "a concepção do meio ambiente em sua totalidade, considerando a interdependência entre o meio natural, o socioeconômico e o cultural, sob o enfoque da sustentabilidade".

A melhor interpretação dos princípios da Política Nacional da Educação Ambiental é no sentido de que a boa relação de interdependência entre o meio ambiente natural, o construído e a humanidade depende, necessariamente, de uma visão holística e multidisciplinar, mas, sobretudo, da conjugação de vários instrumentos, sem prescindir da "vontade participativa" de todos.

A normatização é um desses instrumentos, mas não é suficiente, pois a eficácia social de uma norma, que não se confunde com a eficácia jurídica (ambas juntas compreendem a efetividade do texto normativo) depende do binômio conscientização ecológica e responsabilidade.

O direito penal também pode ser um instrumento idôneo para auxiliar na promoção da educação ambiental. Como exemplo da aplicação da lei penal com vistas a despertar a consciência ambiental dos indivíduos, destacam-se os artigos 270 e 271, do Código Penal brasileiro:

Art. 270 - Envenenar água potável, de uso comum ou particular, ou substância alimentícia ou medicinal destinada a consumo:
Pena - reclusão, de dez a quinze anos.
§ 1º - Está sujeito à mesma pena quem entrega a consumo ou tem em depósito, para o fim de ser distribuída, a água ou a substância envenenada.
Modalidade culposa
§ 2º - Se o crime é culposo:
Pena - detenção, de seis meses a dois anos.
Art. 271 - Corromper ou poluir água potável, de uso comum ou particular, tornando-a imprópria para consumo ou nociva à saúde:

Pena - reclusão, de dois a cinco anos.
Modalidade culposa
Parágrafo único - Se o crime é culposo:
Pena - detenção, de dois meses a um ano.

Tais dispositivos legais, que compreendem três tipos penais — envenenar água potável, entregar ou ter em depósito, para consumo água envenenada e poluir os mananciais de água — estabelecem punições aos sujeitos ativos de tais condutas, mas os efeitos não devem se restringir à esfera penal. Essas normas podem e devem desempenhar a função de servir de instrumento de educação ambiental. Infelizmente, é raro ver em salas de aula os professores da disciplina analisarem tais crimes a partir de uma visão sistêmica.

Em meu livro "A água e seus instrumentos de efetividade: educação ambiental, normatização, tecnologia e tributação" pontuo que a educação ambiental é premissa indispensável à efetividade dos demais instrumentos à disposição do Estado gestor-regulador dos recursos naturais. Sem consciência ecológica, os demais mecanismos existentes para o processo de gestão dos mananciais de água perdem muito em termos de efetividade.

No cenário contemporâneo, o conhecimento precisa e deve ser utilizado também como instrumento de educação ambiental — a qual ultrapassa o mero interesse individual, alcançando a esfera difusa, o interesse coletivo —, com vistas a despertar nas pessoas o amor e o compromisso com a proteção e preservação da natureza. Essas intenções se materializam com o uso racional e sustentável dos recursos naturais.

A educação ambiental, nos termos da política nacional, deve ser promovida de diversas maneiras, não necessariamente por meio de uma disciplina própria, mas inserida em outras metodologias ou práticas. A publicidade pode ser instrumento relevante como canal de disseminação da educação ambiental, incentivando o consumo consciente. Maristela Denise Marques de Souza (2011) apresenta dois princípios básicos que deveriam nortear a publicidade e o consumo sustentável:

1) Respeito aos valores ambientais: os especialistas em meio ambiente apontam que a população mundial está consumindo mais de 20% além da capacidade de reposição, o que implica grave ameaça à sobrevivência da espécie humana;
2) Respeito aos valores sociais: nesse novo cenário social, conectado com o consumo sustentável, a publicidade não deve mais transmitir as ideias da classe dominante, como sucesso de seus negócios e empreendimentos, mas uma ferramenta para o bem social, de tal forma a estimular o consumo que satisfaça as necessidades individuais sem perder o foco na preservação ambiental e na promoção do desenvolvimento humano (grifo nosso).

A propaganda pode ser eficiente canal de educação ético-ambiental, fortalecendo os demais métodos de conscientização ambiental, considerando sua influência na psique dos consumidores.

No cenário internacional, a educação ambiental já é associada a outras iniciativas, a exemplo do trabalho realizado pelo Fundo das Nações Unidas para a Infância (Unicef), que vem desenvolvendo atividades relacionadas à promoção do conhecimento básico de higiene no manejo da água em escolas e comunidades em cerca de 90 países. No Brasil, na última década, o Unicef já preparou "mais de 22 mil agentes comunitários de saúde, educadores de creches e pré-escolas para assegurar sobrevivência, desenvolvimento, participação e proteção das crianças desde o período pré-natal até os 6 anos de idade", beneficiando aproximadamente 2,4 milhões de famílias, em um espaço geopolítico de 718 municípios em 14 estados da federação brasileira (Carli, 2013).

É certo que no Brasil ainda há muito caminho a trilhar para se alcançar a conscientização ecológica, especialmente em relação ao uso racional da água. As políticas públicas voltadas à gestão das águas precisam, indiscutivelmente, elevar a educação ambiental ao patamar de premissa básica essencial.

Consumo consciente e responsável

Na atualidade, os avanços tecnológicos — sejam para a produção de bens e serviços, sejam para a comunicação — têm contribuído muito para o crescimento frenético do consumo. Tal realidade impõe dupla função à tecnologia e maior conscientização das pessoas.

Em outras palavras: ao mesmo tempo em que a tecnologia desempenha papel importante no desenvolvimento de novos bens de consumo, cabe a ela também servir de profícuo instrumento de proteção dos recursos naturais. Afirma Gilvan Luiz Hansen (2012):

> O planeta e seus recursos não são contingentes para a espécie humana, mas se constituem em condição de possibilidade para a existência humana. Portanto, não são mais compatíveis projetos de sociedade fundados em modelos de desenvolvimen-

to que permitam a ameaça à viabilidade planetária. Há que se construir um modelo de desenvolvimento que permita a sustentabilidade do planeta e da espécie humana, conciliando consumo e responsabilidade social.

O século XX é marcado por várias mudanças, entre elas, o desenvolvimento de uma cultura social de consumo, segundo a qual o interesse individual sobrepõe-se ao coletivo. José Renato Nalini destaca que "se a humanidade continuar a dispor dos bens da terra como se eles fossem inesgotáveis, inexauríveis e a se servir da natureza como um imenso supermercado gratuito e sem dono, não haverá destino para a espécie" (Nalini, 2009).

A educação ética ambiental é premissa necessária para se tentar mudar a frágil conscientização das pessoas e estabelecer parâmetros de sustentabilidade, tanto para os produtores, quanto para os consumidores, ao lado do desenvolvimento de pesquisas por novas tecnologias. As universidades, com apoio de instituições de fomento, a exemplo do Conselho Nacional de Desenvolvimento Científico e Tecnológico (CNPq) e da Agência Nacional de Águas (ANA), têm desenvolvido estudos e projetos voltados para novas formas de tecnologia em prol do meio ambiente. Vale destacar o mestrado em tecnologia ambiental, da Universidade Federal Fluminense, do polo de Volta Redonda, o qual segue três linhas de pesquisa muito importantes para a promoção de ideias e estudos sobre o uso da tecnologia em prol do meio ambiente: poluição ambiental, tecnologias para aproveitamento de resíduos e sustentabilidade e energia renovável.

Daniel Goleman (2009), ao ressaltar a importância da ecologia industrial, que surgiu na década de 1990, idealizada por um grupo de estudiosos da *National Academy of Engineering*, defende o acesso universal às informações dos impactos ambientais das diferentes etapas dos produtos, desde a fase inicial de elaboração até seu consumo e descarte final (o que ele chama de Princípio da Transparência Radical), como uma das formas de o homem se educar ecologicamente, alterando radicalmente seu comportamento com a natureza. Assim, na embalagem de um brinquedo de criança, deveria vir especificada toda a pegada hídrica, ou seja, tudo o que foi gasto de água para produzir aquele produto, bem como discriminar outros fatores relevantes para o bem-estar da criança e do meio ambiente.

O consumo consciente e sustentável pressupõe a existência de cultura ética ambiental e espírito de solidariedade. O chamado "indivíduo verde" é aquele que, a despeito de seus desejos e anseios, busca práticas que possam se harmonizar com a natureza. Mesmo gostando de tomar banho por cerca de meia hora, procura pensar na preservação da água, reduzindo bastante este tempo.

O desperdício de alimentos é outra prática comum do dia a dia que precisa ser erradicada, tendo em vista seus efeitos nefastos aos ecossistemas. Tal desperdício ocorre tanto em casa como em restaurantes. O alimento não aproveitado implica perdas de outros bens utilizados na sua cadeia de produção, a exemplo da água virtual.

Os estudiosos estrangeiros Jan Lundqvist, Charlotte de Fraiture e David Molden (Flores, 2012) chamam a atenção para o problema do desperdício de alimentos não somente quando chega à mesa do consumidor, mas também em etapas anteriores, consoante as suas palavras:

Losses and wastage may be in the order of 50 percent between field and fork. Inefficient harvesting, transport, storage and packaging make a considerable dent in the potential availability of food. Additional and significant losses and wastage occur in food processing, wholesale, retail and in households and other parts of society where food is consumed.[3]

Dados da Organização das Nações Unidas para Agricultura e Alimentação (FAO) demonstram que cerca de 1,3 bilhão de toneladas de comida são jogadas fora por ano, correspondendo ao que é produzido no mesmo espaço de tempo na África Subsaariana. O estudo da referida agência da ONU revela "uma em cada sete pessoas no mundo passa fome, e mais de 20 mil crianças com menos de 5 anos morrem todos os dias por conta de desnutrição" (2013).

A humanidade precisa se conscientizar de que consumir alimentos com responsabilidade implica também usar de modo sustentável a água, já que ela, além de integrar parcela do próprio alimento, faz parte de toda a sua cadeia de produção.

---

[3] As perdas e o desperdício chegam a 50% entre o campo e o garfo (consumo). Considerando a ineficiência na colheita, no transporte, na armazenagem e na embalagem. Desperdícios e perdas adicionais significativas ocorrem também na fase de produção do alimento, e bem assim nas etapas de comercialização, tanto no atacado como no varejo e na fase do consumo humano (tradução livre).

Capítulo 4

Políticas públicas em prol do "ouro azul"

Instrumentos jurídico-econômicos em prol das águas

Embora a Constituição de 1988 tenha elevado o meio ambiente à qualidade de "bem de uso comum do povo", o uso desordenado, descompromissado e irresponsável da água – riqueza finita – gera impactos negativos que repercutem tanto no bem-estar de todos os seres vivos, como no desenvolvimento econômico. Desse modo, a gestão das águas – fundamental para sua proteção e preservação – precisa de instrumentos efetivos.

A Lei nº 9.433/97 (Lei das Águas) contempla os mecanismos para a promoção da Política Nacional dos Recursos Hídricos, os quais são importantes à administração dos seus usos múltiplos, consoante dispõe o art. 5º:

I - os Planos de Recursos Hídricos;
II - o enquadramento dos corpos de água em classes, segundo os usos preponderantes da água;

III - a outorga dos direitos de uso de recursos hídricos;
IV - a cobrança pelo uso de recursos hídricos;
V - a compensação a municípios;
VI - o Sistema de Informações sobre Recursos Hídricos.

Nos termos do diploma nacional das águas, acima referido, destacam-se os Planos de Recursos Hídricos, os quais contribuem sensivelmente para a implantação de programas e projetos relacionados à gestão dos usos das águas, à medida que apontam estatísticas, diagnósticos, metas de racionalização de uso e ações necessárias para sua realização, bem como contemplam situações que exigem prioridade para outorga de direitos de uso de recursos hídricos, critérios para a cobrança pelo uso das águas, entre outras diretrizes, nos termos do art. 7º, desse diploma legal.

O segundo instrumento da Política Nacional de Recursos Hídricos, contemplado no art. 5º da Lei das Águas, é o enquadramento dos corpos de água em classes, segundo os usos preponderantes da água. Este mecanismo de gestão tem como objetivo assegurar a qualidade das águas de acordo com seus variados usos, além de propiciar a diminuição dos custos relativos ao controle da poluição, por meio de ações de caráter preventivo.

A Resolução Conama nº 357/2005 estabelece uma classificação das águas doces levando em conta seus múltiplos usos. Merece destaque a classe especial, que compreende *as águas destinadas ao consumo humano, com desinfecção, e aquelas destinadas à preservação do equilíbrio natural do ambiente e das espécies aquáticas*. Na sequência, pode-se identificar as classes 1, 2, 3 e 4. A primeira classe, de acordo com a normativa em tela, destina-se ao consumo humano, após processo simplificado de tratamento;[4] *à proteção das comunidades aquáticas; à recreação de contato primário (natação, esqui aquático e mergulho) e à irrigação de hortaliças e frutas*. A segunda classe de águas baseia-se em tratamento convencional,[5] destinada ao consumo humano, à proteção das comunidades aquáticas, à aquicultura, às atividades pesqueiras etc. A terceira classe de águas compreende aquelas que recebem tratamento convencional ou avançado, sendo utilizadas "à irrigação de culturas arbóreas, cerealíferas e forrageiras; à pesca amadora; à recreação de contato secundário e à dessedentação de animais". Por fim, a quarta classe de águas doces destina-se à navegação e à harmonia paisagística.

A resolução do Conama também contempla outros dois grupos de águas: as *águas salinas e as águas salobras*. As *águas salinas* dividem-se em duas classes: a classe 5 compreende aquelas destinadas à recreação, à proteção das espécies aquáticas e à aquicultura, enquanto a classe 6 está voltada à navegação, à harmonia paisagística e à recreação de contato secundário. O grupo das águas salobras também é segmentado em duas espécies: a classe 7 tem como funções a recreação primária, a proteção da espécies aquáticas e aquicultura; já a classe 8 de águas salobras destina-se à navegação comercial, à estética paisagística e à recreação secundária.

Há ainda outras classificações de água, como revela o professor Paulo Cesar Lima Azevedo (2013), que confere ênfase à "água natural; água mineral; águas subterrâneas; águas su-

---

4   Resolução Conama nº 357/2005, art. 2º, XXXIV, revela o sentido de processo simplificado de tratamento como "clarificação por meio de filtração e desinfecção e correção de pH quando necessário".
5   Idem. Art. 2º, XXXIII, traz o significado de tratamento convencional como "clarificação com utilização de coagulação e floculação, seguida de desinfecção e correção de pH".

perficiais; água do mar; água da chuva; água pura ou destilada; água deionizada e à água potável ou doce.

O terceiro mecanismo de gerenciamento dos mananciais de água é a outorga dos direitos de uso de recursos hídricos. A Constituição estabelece, em seu art. 21, inciso XIX, ser da competência da União a fixação dos critérios gerais para concessão de outorga de direitos de uso dos recursos hídricos. Já o diploma nacional das águas, a Lei nº 9.433/97, firma, em seu art. 11, os objetivos do regime de outorga: "assegurar o controle quantitativo e qualitativo dos usos da água e o efetivo exercício dos direitos de acesso à água". Essas diretrizes são normas de observância obrigatória por parte de todos os entes da federação (União, estados, municípios e Distrito Federal) e por aqueles que receberam a outorga.

A outorga dos direitos de uso dos recursos hídricos, como instrumento de gerenciamento dos mananciais de água, compreende, conforme lições de Talden Farias (2014) "um conjunto de ações e de metas que têm por objetivo garantir a distribuição quantitativa, a distribuição qualitativa e o acesso equitativo a esse recurso". Por essa razão, o ato administrativo que materializa a outorga deve ser de natureza precária, ou seja, passível de revogação diante de mudanças geohidrológicas, ou mesmo objeto de cassação quando os outorgados não estiverem utilizando os recursos hídricos dentro do que foi estabelecido no ato de outorga, ou ainda com abuso no que diz respeito à inobservância do princípio da sustentabilidade ambiental, nos termos do art. 15 da Lei Nacional das Águas.

Em relação ao domínio da União, ou seja, a gestão pública dos recursos hídricos, o diploma nacional das águas (Lei nº9.433/97) admite a delegação do ato de concessão de outorga aos estados e ao Distrito Federal, desde que tenham condições materiais para exercer tal atividade (art. 14, § 1º, da Lei nº 9.433/97).

A Política Estadual de Recursos Hídricos do Rio de Janeiro, instituída pela Lei nº 3.239/99, adota a outorga de uso das águas como um dos principais mecanismos de gestão desta riqueza natural e finita.

A utilização do mecanismo de concessão de outorga de uso das suas águas por parte dos estados fica a cargo de seus órgãos ambientais. No caso do Rio de Janeiro, compete à Diretoria de Licenciamento Ambiental do Instituto Estadual do Ambiente (Inea) editar atos administrativos de outorga de uso de recursos hídricos, nos termos do art. 25 do Decreto Estadual nº 41.628/2009, bem como arrecadar, distribuir e aplicar as receitas advindas da cobrança pelo uso das águas, ex vi do art. 3º da Lei Estadual nº 4.247/2003.

Na esfera federal, compete à Agência Nacional de Águas (ANA) a concessão de outorga de uso dos mananciais de águas, nos termos do art. 4º, da Lei nº 9.984/2000, cujas receitas oriundas da cobrança em razão da concessão são mantidas em conta única do Tesouro Nacional, enquanto não lhe for dada destinação específica em algum programa, conforme dispõe o art. 21, da Lei nº 9.984/2000. Porém há discordância quando a essa norma, pois à medida que cabe a autarquia federal gerir em âmbito nacional os mananciais de águas de domínio da União, fiscalizar o cumprimento da legislação federal pertinente, bem como disciplinar, em caráter normativo, a implementação dos instrumentos da Política Nacional de Recursos Hídricos, nada mais razoável que tais recursos ficarem sob seu controle e administração.

Outro ponto interessante e que gera dúvidas diz respeito à natureza jurídica da cobrança pelo uso da água no regime de outorga. O Estado, sob a perspectiva das finanças públicas, arrecada receitas originárias, ou seja, aquelas advindas de seu próprio patrimônio, a exemplo de um aluguel decorrente de um imóvel público alugado a terceiros, e receitas derivadas, que decorrem do patrimônio do particular.

As receitas decorrentes da cobrança pelo uso dos recursos hídricos no regime de outorga seriam receitas originárias, pois decorrem de um bem que está sob o domínio do Estado: a água.

> A contraprestação pela utilização das águas públicas: não configura imposto, porque neste a vantagem do particular é puramente acidental (...); não é taxa, pois não se está diante de exercício de poder de polícia – taxa de polícia – ou da utilização efetiva de serviço público específico e divisível, prestado ao contribuinte ou posto à sua disposição (...). Sendo assim, e por exclusão, está-se diante de preço, que pode ser denominado de preço público e é parte das receitas originárias. (Pompeu, 2010):

Concorda-se que a cobrança pela concessão do direito de uso de manancial de água tenha natureza jurídica de preço público, porquanto se está diante de um bem de domínio do Estado em sentido lato. Entretanto, considerando ser o instituto da concessão do direito de uso da água um instrumento de gestão, entende-se que não se pode afastar o elemento de controle em que o poder de polícia está implícito. Afinal, a razão de ser de o domínio das águas estar com o Estado é porque este, como criação do direito, encontra sua finalidade existencial na linha de pensamento de John Locke, na tutela dos direitos fundamentais e na gestão do interesse público.

No Brasil, segundo Antonio Eduardo Lanna (2014) adota-se, basicamente, três modalidades de outorga:

1.Concessão de uso: concedida em todos os casos de utilidade pública. A outorga das concessões é dada pelo prazo de 10 a 35 anos, ficando sem efeito se, durante um número pré-determinado de anos consecutivos, geralmente 3, o concedido deixar de fazer uso privativo das águas;

2. Licença de uso: quando não se verificar a utilidade pública. É o caso do uso para fins de indústria, agricultura, comércio e piscicultura. As licenças são outorgadas pelo prazo de 5 a 10 anos, podendo ser revogadas a qualquer tempo, independentemente de indenização, desde que o interesse público assim o exija e ficando sem efeito se durante um número pré-determinado de anos consecutivos, geralmente de 1 a 3, o licenciado deixar de fazer uso das águas;

3. Autorização ou permissão de uso: são geralmente outorgadas em caráter precário podendo a qualquer momento serem revogadas, independentemente de indenização, desde que o interesse público assim o exigir. Se durante períodos de um a dois anos o autorizado deixar de fazer uso das águas, fica a respectiva autorização ou permissão sem efeito. Atendem a usos com pequenas derivações relativamente às disponibilidades de água de acordo com critérios a serem definidos pelo órgão estadual com atribuição de realizar a outorga.

Há ainda a outorga de recursos hídricos para fins de geração de energia, cabendo também a Agência Nacional de Águas a prerrogativa de outorgar direitos à utilização de mananciais de água para produção de energia elétrica, a qual deve observar o Plano Nacional de Recursos Hídricos, conforme prescreve o art. 12, § 2º da Lei nº 9.433/97.

Por fim, vale destacar o instrumento jurídico-econômico da cobrança pela utilização das águas, o qual, na trilha da Política Nacional de Recursos Hídricos, alcança tanto os usos consuntivos (que diminuem a reserva hídrica, como consumo para fazer comida, higienização, irrigação), quanto os usos não consuntivos (em regra, não há perda de quantidade de água, como em lazer, navegação, produção de energia).

Ao concederem a outorga do direito de uso das águas à União e aos estados, não apenas atuam como gestores desta riqueza natural – são fiscalizadores do seu uso –, como também estão declarando que aqueles beneficiários (concessionários) preencheram os requisitos necessários para o recebimento da concessão, assumindo a partir do ato concessivo toda a responsabilidade de usá-la de forma sustentável.

Não cumpre apenas ao poder público a função fiscalizadora, visto que a água é bem de uso comum das pessoas, ou seja, um direito fundamental difuso, impondo a qualquer cidadão o direito e o dever de representar junto aos órgãos públicos quando verificar qualquer irregularidade no uso da água no regime de outorga.

A Lei nº 9.433/97 apresenta a finalidade da cobrança, por meio do instituto da outorga pelo uso da água. Assim, em seu art. 19 elenca os fundamentos sociojurídicos da imposição do ônus financeiro sobre os usuários:

Art. 19. *A cobrança pelo uso* de recursos hídricos objetiva:

I - reconhecer a água como bem econômico e dar ao usuário uma indicação de seu real valor;

II - *incentivar a racionalização do uso da água;*

III - obter recursos financeiros para o financiamento dos programas e intervenções contemplados nos planos de recursos hídricos. (Grifo nosso)

A despeito de as três razões expressas no dispositivo legal mencionado serem extremamente importantes para a gestão das águas, apregoa-se, em um primeiro momento, o incentivo à racionalização do uso da água, como o mais relevante dos fundamentos, pois dele se pode extrair o princípio da sustentabilidade hídrica. O primeiro objetivo – reconhecer a água como bem econômico e dar ao usuário uma indicação de seu real valor – é o corolário. No tocante à terceira finalidade, da cobrança pelo uso da água, ela é considerada importante sob a perspectiva funcional, visto que os programas e projetos voltados à preservação das águas dependem de recursos.

A Lei das Águas brasileira estabelece em seu art. 12 as hipóteses de usos de recursos hídricos sujeitos à outorga:

I - derivação ou captação de parcela da água existente em um corpo de água para consumo final, inclusive abastecimento público, ou insumo de processo produtivo;

II - extração de água de aquífero subterrâneo para consumo final ou insumo de processo produtivo;

III - lançamento em corpo de água de esgotos e demais resíduos líquidos ou gasosos, *tratados ou não*, com o fim de sua diluição, transporte ou disposição final;

IV - aproveitamento dos potenciais hidrelétricos;

V - outros usos que alterem o regime, a quantidade ou a qualidade da água existente em um corpo de água. (Grifo nosso)

O inciso III, do dispositivo acima transcrito revela, infelizmente, que a Lei das Águas ainda admite o lançamento em corpos de água de esgotos não tratados. Entende-se, entretanto, que esta norma encontra-se em estado de inconstitucionalidade progressiva. À medida que ocorrer a implantação plena dos sistemas de tratamento de esgoto em todos os municípios, não haverá mais espaço normativo permissivo para lançamento de esgoto não tratado nos mananciais de água. Por ora, tal dispositivo ainda é constitucional, sob condição de efetivar atuação pública no sentido de acabar com o lançamento de esgoto *in natura* nos mananciais de águas. Dessa forma, embora viole o disposto no art. 225 da CF/88, que impõe a tutela do meio ambiente ao Estado, por meio de ações legislativas e materiais, sua eficácia pressupõe ações concretas por parte do poder público, com a colaboração da população, que precisa se conscientizar de que os rios não são depósitos de lixo.

Por fim, cabe trazer à luz outro instrumento da Política Nacional de Recursos Hídricos, o Sistema de Informações sobre Recursos Hídricos, o qual revela a necessidade de cooperação técnica e cognitiva entre todos os envolvidos na gestão das águas. Tal sistema é norteado pelos seguintes princípios, nos termos do art. 26, da Lei das Águas (Lei nº 9.433/97): "descentralização da obtenção e produção de dados e informações; coordenação unificada do sistema; e acesso aos dados e informações garantido à toda a sociedade".

Tais instrumentos da Política Nacional são fundamentais para a gestão das águas, mas não suficientes. É necessária a conscientização das pessoas de que o dever de cuidado para com as águas é de todos, e não somente do poder público.

A importância da Agência Nacional de Águas, a ANA

A proteção e a preservação dos recursos hídricos dependem de uma gestão democrática, de que todos os atores sociais – incluindo aqueles institucionalmente incumbidos para tal tarefa – estejam comprometidos em geri-la com responsabilidade e seriedade.

Assim sendo, para a criação e implementação de políticas públicas voltadas à gestão dos mananciais de águas, o Estado brasileiro conta com várias instituições públicas, entre elas está a Agência Nacional de Águas (ANA), autarquia federal, criada por meio da Lei nº 9.433/97 e vinculada ao Ministério do Meio Ambiente.

Grandes são os desafios e as dificuldades à realização da tarefa de administrar as águas, bem como o seu acesso universal. Contudo as possibilidades existem e podem ser alcançadas por meio de instituições fortes e mecanismos eficientes e sustentáveis, que tornem viáveis a concretização dessas metas. Isso desde que haja vontade política e conscientização socioambiental por parte da sociedade.

A Lei Nacional das Águas (Lei nº 9.433/97) instituiu o Sistema Nacional de Gerenciamento de Recursos Hídricos, que compreende, nos termos do art. 33: o Conselho Nacional de Recursos Hídricos (CNRH); a Agência Nacional de Águas (ANA); os Conselhos de Recursos Hídricos dos estados e do Distrito Federal; os Comitês de Bacia Hidrográfica; outros os órgãos dos poderes públicos federal, estaduais, municipais e do Distrito Federal, cujas atividades estão vinculadas à gestão de recursos hídricos e por outras agências de águas.

Cumpre à Agência Nacional de Águas (ANA) a missão de implantar a Política Nacional de Recursos Hídricos, supervisionando, controlando e avaliando as ações e atividades decorrentes do cumprimento da legislação federal referente aos recursos hídricos. Além disso, é de sua competência disciplinar, em caráter normativo, a implementação, a operacionalização, o controle e a avaliação dos instrumentos da Política Nacional de Recursos Hídricos.

Ainda cabe à ANA fomentar e apoiar o Sistema Nacional de Gerenciamento de Recursos Hídricos (Singreh), assim como a implantação e operacionalização da gestão integrada de recursos hídricos, por meio da celebração de convênios de cooperação com os órgãos gestores dos estados. Também vale ressaltar o trabalho da autarquia federal das águas na capacitação de todos os membros do Singreh para a consecução de projetos e programas de educação direcionados à sociedade, especificamente no que diz respeito à participação dos cidadãos na gestão dos mananciais de águas; a começar pela adoção de condutas sustentáveis.

Além dessa enorme gama de funções, a ANA tem desenvolvido importantes projetos voltados à proteção e à utilização sustentável dos recursos naturais, sem descuidar dos frequentes concursos que realiza para premiar boas ações ambientais. À guisa de ilustração, destacam-se:

a) O projeto "Produtor de Água", o qual tem por objetivo promover a educação ambiental, dar apoio técnico e financeiro à execução de ações de conservação da água e do solo aos produtores rurais, com vistas à redução da erosão e assoreamento dos mananciais nas áreas rurais. Entre as ações, estão: construção de terraços e bacias de infiltração, readequação de estradas vicinais, recuperação e proteção de nascentes, reflorestamento de áreas de proteção permanente e reserva legal, o saneamento ambiental. Por fim, tal projeto estabelece como contrapartida pagamento de incentivos àqueles que abraçaram a ideia.

b) O "Interáguas – Programa de Desenvolvimento do Setor Água", o qual busca promover e coordenar de forma eficiente as ações no setor água. Em outras palavras: visa-se com este projeto "criar um ambiente onde os setores envolvidos com a utilização da água possam se articular e planejar suas ações de maneira racional e integrada, de modo a contribuir para o fortalecimento da capacidade de planejamento e gestão no setor água, especialmente nas regiões menos desenvolvidas do País" (ANA, 2015).

Em 22 de março de 2013, para celebrar o Dia Mundial da Água, a ANA lançou o Pacto Nacional pela Gestão das Águas, que se espera, não fique só no plano abstrato. Nos termos do programa, o objetivo precípuo do "Pacto Nacional pela Gestão das Águas" é:

a construção de compromissos entre os entes federados, visando à superação de desafios comuns e à promoção do uso múltiplo e sustentável dos recursos hídricos, sobretudo em bacias compartilhadas.
Esse objetivo maior desdobra-se em outros dois mais específicos, quais sejam:
(1) promoção da efetiva articulação entre os processos de gestão das águas e de regulação dos seus usos, conduzidos nas esferas nacional e estadual; e
(2) fortalecimento do modelo brasileiro de governança das águas, integrado, descentralizado e participativo.

As mudanças climáticas, a exaustão dos recursos naturais, têm demonstrado que a natureza precisa de muito mais cuidados e que não é um objeto à disposição dos interesses do homem. Faz-se urgente uma renovação dos paradigmas antes que as águas se acabem.

As ações antrópicas para proteger e preservar a água

Os governantes, de modo geral, e alguns atores sociais (cidadãos, empreendedores, organizações sociais, acadêmicos) têm procurado desenvolver estudos e práticas sustentáveis, tanto sob a perspectiva do consumo, como do aspecto da produção de bens e serviços (Magalhães e Costa, 2014).

No que se refere às políticas públicas, merece realce a Lei nº 12.512, de 14 de outubro de 2011, que institui o Programa de Apoio à Conservação Ambiental e o Programa de Fomento às Atividades Produtivas Rurais, e criou a denominada Bolsa Verde. Com isso, o governo federal visa promover, ao mesmo tempo, a cidadania ecológica dos agricultores de baixa renda e a conservação dos ecossistemas; lugar onde essas pessoas trabalham e buscam a sua sobrevivência.

No tocante à educação ambiental, a despeito de existir, desde 1999, norma jurídica traçando os objetivos da Política Nacional da Educação Ambiental, a Lei nº 9.795/1999, as ações humanas conscientes quanto à preservação dos recursos naturais ainda são muito tímidas. Nos grandes centros urbanos, *não raro se depara com o desperdício de água*, a exemplo do uso da chamada "vassoura hidráulica".

O trabalho de conscientização não é simples, mas precisa ser feito. Na senda urbana, recentemente, a Agência Nacional de Águas criou o curso sobre conservação de água em sistemas prediais, voltado, especialmente, aos condomínios, com o objetivo de instruir os interessados (síndicos, condôminos e empregados) a utilizarem os recursos hídricos de forma racional e sustentável.

Ainda no cenário normativo de proteção ambiental, vale destacar a Lei nº 12.305/2010 – cujo projeto ficou quase

20 anos tramitando no Congresso Nacional –, que dispõe sobre a Política Nacional de Resíduos Sólidos. Ela prevê a responsabilidade social das pessoas jurídicas, as quais produzem resíduos sólidos em razão de suas atividades, bem como das pessoas físicas, por conta de seu consumo. Dentre os mecanismos contemplados para o gerenciamento desse descarte está a denominada logística reversa, definida no art. 3º, inciso XII, como:

> Instrumento de desenvolvimento econômico e social caracterizado por um conjunto de ações, procedimentos e meios destinados a viabilizar a coleta e a restituição dos resíduos sólidos ao setor empresarial, para reaproveitamento, em seu ciclo ou em outros ciclos produtivos, ou outra destinação final ambientalmente adequada.

Algumas empresas já vêm adotando, com êxito, a logística reversa. Um exemplo interessante: em visita à Companhia Fras-le (produtora de pastilhas e lonas para freio, revestimentos de embreagem, entre outros), em Caxias do Sul (RS), no dia 19 de dezembro de 2014, ao conversar com Max Zatta, gerente de tecnologia de manufatura e qualidade, constatou-se as boas práticas da indústria, com vistas a minimizar os impactos de suas atividades no meio ambiente. Entre elas:

1. Reutilização de 25% de todo o efluente tratado em ETE própria.
2. Pontes de reutilização: Sanitários e limpeza do chão da fábrica.
3. Reutilização de 85% do pó de exaustão. Como a indústria utiliza matérias primas em pó, há exaustores que coletam o

material, nos pontos de manuseio e processamento (lixamento e furação, por exemplo), e redirecionam para a utilização em outros produtos.
4. 100% do resíduo industrial seguem para serem utilizados em novos processos, seja reciclagem (papelão e madeira), recuperação (óleos e emulsões oleosas), coprocessamento e beneficiamento (resíduos contaminados de processo).
5. Compostagem: processamento de resíduos orgânicos gerados nas podas das árvores e jardinagem em geral. Nesse processo, mistura-se o lodo proveniente do processo de tratamento de efluentes (ETE) com os restos de jardinagem a fim de produzir um adubo orgânico que é utilizado nos nossos jardins.

Outros exemplos de logística reversa merecem realce. No estado do Rio de Janeiro, um projeto digno de nota e fundamental para a saúde de suas águas é o Programa de Reaproveitamento de Óleos Vegetais (Prove), o qual já conseguiu impedir que mais de 15 milhões de litros de óleo usado de cozinha fossem descartados impropriamente em ralos de pias, atingindo os mananciais de água. O óleo recolhido se transforma em matéria-prima para produção de sabão e de energia. O projeto é desenvolvido em parceria com o Instituto Estadual do Ambiente (Inea) e conta com o apoio da iniciativa privada, para instalação de pontos de coleta (os ecopontos), como Ampla e Light, da Comlurb e do Tribunal de Justiça do Rio de Janeiro.

Na seara do diploma normativo da política de resíduos sólidos, cabe destacar o inciso XIII do art. 3º, que estabelece alguns princípios a serem observados pelos cidadãos no momento do consumo:

(...) padrões sustentáveis de produção e consumo: produção e consumo de bens e serviços de forma a atender as necessidades das atuais gerações e permitir melhores condições de vida, sem comprometer a qualidade ambiental e o atendimento das necessidades das gerações futuras.

Na perspectiva da referida normativa, Daniel Goleman (2009) revela a importância do que denomina de inteligência ecológica, tanto no plano da produção de bens e serviços, como no plano do consumo. Menciona o uso excessivo de embalagens pelas empresas, especialmente no período natalino, o que aumenta o já impressionante volume de lixo descartado. Citando as sacolas de plástico, as quais levam mais de 100 anos para se decompor (Ambiente Brasil, 2015), sem esquecer das embalagens de papel, cuja produção demanda madeira e água.

Também os empreendedores precisam repensar as estratégias de produção de bens e serviços, dando ênfase ao que Goleman chama de transparência ecológica radical:

acompanhar todo o impacto de um produto, da fabricação à eliminação – não apenas seu traço de carbono e outros custos ambientais, mas também seus riscos biológicos, além de suas consequências para aqueles que atuaram em sua produção –, e resumir esses impactos para os compradores na medida em que eles decidam o que comprar.

Além da preocupação com todas as etapas de produção e posterior descarte de bens consumíveis, a humanidade precisa refletir acerca das suas reais necessidades de consumo, em comparação com o propósito de bem-estar. Ao longo dos tempos — seja com a ajuda da sociedade da informação, que, de forma dinâmica e veloz, altera contextos e fatos, seja pela contínua e desenfreada oferta de novos produtos —, o homem tem demandado cada vez mais, às vezes, por mero capricho ou vaidade.

Na trilha do desenvolvimento econômico-social-ambiental sustentável, no fim de 2012, o Governo Federal editou a Lei Complementar nº 140, com o objetivo de regulamentar os incisos III, VI e VII e o parágrafo único do art. 23, da CF/88. Há muito se discutia a necessidade de o Poder Legislativo delinear com maior precisão as competências administrativas dos entes políticos federados acerca das questões ambientais. O diploma normativo em análise propõe, se não erradicar os conflitos de competências, ao menos, diminuí-los com vistas a garantir a efetividade das políticas nacional, regional e local; especialmente no tocante à tutela das paisagens naturais notáveis, à proteção do meio ambiente, à erradicação de todas as formas de poluição, além da preservação das florestas e dos demais ecossistemas da fauna e da flora.

Nesse contexto, a Lei Complementar nº 140 acentua como poder-dever de todos os entes federados a promoção e a orientação da educação ambiental nos diferentes níveis de ensino, assim como a conscientização de todos os atores sociais à proteção do meio ambiente. Essa norma veio reforçar as da Lei nº 9.795/1999, que instituiu a Política Nacional de Educação Ambiental.

Também os atos normativos expedidos pelos órgãos responsáveis pela gestão dos recursos hídricos, bem como os tratados e acordos internacionais e inter-regionais, que contemplam questões ambientais, integram o rol de diplomas normativos, visto que o rol aqui explicitado é meramente exemplificativo.

Desde a Conferência de Estocolmo de 1972 sobre meio ambiente, organizada pela ONU, percebe-se que tem aumentado o número de pessoas (naturais e jurídicas) que buscam desenvolver estudos, incentivar a criação de instrumentos jurídico-econômicos, promover a educação ambiental e utilizar velhas e novas tecnologias com o intuito de preservar e proteger o meio ambiente.

As empresas já perceberam que ações sustentáveis trazem resultados positivos que ultrapassam a seara ambiental, alcançando as suas finanças. Muitas se deram conta de que o consumo de água pode ser reduzido com a adoção de tecnologias de reúso de água. Interessante estudo apontado por Bibi van der Zee (2010) demonstra que aproximadamente 25% dos consumidores afirmam não adquirir bens e serviços de empresas que causem danos ao meio ambiente. A autora acentua que o "tripé da sustentabilidade" ("*triple bottom line*") é formado pelas pessoas, pelo planeta Terra e pelo lucro. Nesse sentido: "as empresas não devem medir seu desempenho apenas pelos ganhos financeiros, mas também pelo capital humano – bem-estar tanto dos colaboradores como da comunidade – e pelo capital ambiental" (Zee, op. cit.).

Ainda há muito a fazer para que a Terra se mantenha em equilíbrio para esta e para as futuras gerações, como estabelece a Constituição brasileira de 1988, em seu art. 225. Mesmo assim, já é possível encontrar no Brasil ações positivas, nas quais o princípio da sustentabilidade ambiental se faz presente, conforme os exemplos:

1. A Golden Tecnologia, empresa voltada à produção têxtil, desenvolveu a tecnologia Dye Clean, para redução de até 80% do uso da água no tingimento de tecidos;

2. A Alstom desenvolveu "um sistema desulforizador, à base de água do mar", utilizado para o "controle ambiental de plantas de papel e celulose, siderurgia e energia que emitem gases ricos em particulados como o enxofre, que é um dos responsáveis pela ocorrência de chuvas ácidas" (Nery, 2012);
3. A Rewatt desenvolveu a tecnologia simples do chuveiro racional. Segundo o detentor da patente do referido chuveiro, Geraldo Magalhães, com esta inovação – testada e aprovada pelas Centrais Elétricas de Minas Gerais (Cemig) – é possível obter até 50% de economia no consumo de energia elétrica. Com efeito, a tecnologia do chuveiro racional ou sustentável envolve a utilização de um cano excedente, através do qual sobe "o calor da água servida para ser repassado para a água limpa" (Torikachvili, 2012). Enquanto um chuveiro comum consome em média 500 watts, com esta tecnologia cai para 250 watts.

Outros exemplos de aplicação do princípio da sustentabilidade ambiental na produção de bens merecem ser destacados. As empresas O Boticário e Nespresso adotaram o projeto da logística reversa, e buscam sensibilizar seus consumidores no sentido de devolverem as respectivas embalagens dos produtos adquiridos.

Para ilustrar com exemplos extra-muros, nos Estados Unidos, a Califórnia, um dos estados mais ricos, vem sofrendo há mais de quatro anos com estiagens, no que reforçou a necessidade de adoção de práticas sustentáveis, cujo descumprimento pode acarretar o pagamento de multa. Depois de campanhas de conscientização com pouco êxito, o governo californiano lançou mão das multas. Desse modo, seus distritos, ao se depararem com condutas irresponsáveis e esbanjadoras de água, podem imputar multas de até 500 dólares.

As infrações contra os (maus) usos da água variam de acordo com as necessidades de cada localidade. Em San Diego, quem utilizar mangueira para regar jardim deverá pagar multa máxima. Em Santa Barbara, o uso de água corrente em fontes decorativas incidirá em multa de 350 dólares. Outra prática adotada na Califórnia, mais especificamente na cidade de Santa Cruz, região da costa, refere-se ao quantitativo máximo mensal de água por família, que é de 28 mil litros. Vale dizer que o descumprimento de tal regra decorre em multa e o infrator deverá fazer um curso de duas horas sobre educação ambiental (Carneiro, 2014).

O Brasil ainda está longe de seguir os exemplos da Califórnia na gestão das águas no cenário urbano, especialmente. No entanto as mudanças não devem partir apenas de políticas públicas, a despeito de sua extrema importância. Novas ações devem advir dos cidadãos, os quais, além de alterarem sua relação com a água, devem se posicionar como tutores, denunciando irregularidades em relação aos seus usos.

O município de Monte Carmelo (MG), por exemplo, tem procurado adequar os usos da água, dando prioridade às necessidades essenciais. O controle é social, ou seja, realizado por vizinhos. Quem for denunciado por lavar a calçada com água tratada é notificado e assinará um termo. Havendo reincidência, a multa poderá chegar ao patamar de R$ 627 (Carneiro, 2014). Em São Paulo, por conta da forte estiagem que tem assolado alguns municípios e a região metropolitana, o governador Geraldo Alckmin tem adotado a denominada "tarifa de contingência", que aumenta progressivamente de acordo com o consumo de água, podendo chegar a 100% a mais do valor a pagar. Conforme informações do site da Companhia de Águas e Esgotos de São Paulo (Sabesp), os consumidores que utilizarem o ouro azul, a partir de janeiro de 2015, acima do patamar médio consumido no período de fevereiro de 2013 a janeiro de 2014, terão de pagar adicional de uso. Se o aumento de consumo for de até 20%, na conta do cidadão, virá um aumento de 40%. Se o consumo ultrapassar o patamar de 20%, este adicional chegará a 100%.

A gestão eficiente das águas e suas consequentes proteção e preservação decorre de um conjunto de fatores e instrumentos, razão pela qual também se advoga o uso do tributo como mecanismo jurídico-econômico para induzir e modificar comportamentos.

Capítulo 5

A tributação no caminho das águas

A tributação como instrumento de proteção

Nas sociedades, as pessoas têm interesses diversos e nem sempre (ou quase nunca) homogêneos. Desse ponto, emergem distintas e infinitas demandas, que, em seu conjunto, formam as necessidades públicas, as quais devem ser tratadas a partir do aspecto coletivo.

Deve-se considerar também os casos fortuitos e de força maior, a exemplo das catástrofes ambientais, que exigem decisões rápidas, recursos financeiros imediatos, impondo ao Estado, provedor das políticas públicas, a solução para tais situações complexas. De um lado, o poder público se depara com limitações de recursos – financeiros, humanos, naturais e tecnológicos – e, de outro, precisa fornecer respostas prontas e apropriadas aos problemas.

O Estado moderno, por meio das finanças públicas, busca recursos para fazer face às suas funções institucionais. As receitas podem decorrer do próprio patrimônio estatal (receitas originárias) ou do patrimônio particular (tributos).

O processo político, ao definir as prioridades de decisões e ações estatais, deve ser norteado pelos valores escritos no preâmbulo da Constituição Federal de 1988 (bem-estar, desenvolvimento, igualdade e justiça), pelos princípios da dignidade da pessoa humana, da solidariedade socioambiental e da sustentabilidade ambiental (do qual é possível extrair a dignidade da natureza), bem como pelos objetivos fundamentais da República Federativa do Brasil, expressos no art. 3º, da Carta de 1988, que são: a construção de uma sociedade guiada pelos valores da liberdade, solidariedade e justiça; a erradicação da pobreza e das desigualdades sociais e regionais; e a promoção do bem de todos.

Os tributos, em um primeiro momento, têm a função de proporcionar recursos para que o Estado possa levar a efeito as responsabilidades afetas ao interesse público; ou seja, finalidade fiscal. Já em um segundo momento, os tributos podem servir como instrumento para favorecer mudanças de paradigmas, de comportamentos e, bem assim, para impulsionar a gestão dos mananciais de águas: é a face extrafiscal do tributo.

O tributarista Ricardo Lobo Torres (2007) apresenta as principais concepções de tributo no cenário do Estado de Direito, considerando suas múltiplas perspectivas no contexto da modernidade:

a) No *Estado Liberal Clássico* ou *Estado Guarda Noturno* (...) o conceito jurídico de tributo se cristaliza a partir de algumas ideias fundamentais: a liberdade do cidadão, a legalidade estrita, a destinação pública do ingresso e a igualdade.

b) No *Estado do Bem-estar Social* (ou *Estado Intervencionista*) no século XX, com a ampliação de suas necessidades e com o predomínio das ideias positivistas transformou-se o conceito jurídico de tributo. A relação essencial com a igualdade, por exemplo, foi relegada a segundo plano, substituída pelos aspectos econômicos da incidência tributária (...). Enfatizaram-se, em contrapartida, o vínculo obrigacional existente no tributo e na forma de arrecadação.

c) No *Estado Democrático Fiscal* (...) o conceito de tributo deve ser buscado a partir da abordagem constitucional e sob a perspectiva do Estado Democrático de Direito (...). O conceito de tributo se desenha no relacionamento com a liberdade, os direitos fundamentais e os princípios constitucionais vinculados às ideias de segurança (legalidade) e justiça (capacidade contributiva, custo/benefício e solidariedade), bem como na recuperação da importância de sua destinação pública. (Grifo nosso)

Constata-se assim que o escopo do tributo tem se modificado ao longo dos tempos. No Estado Moderno, a finalidade está eminentemente atrelada ao interesse público.

No cenário atual brasileiro, o Código Tributário Nacional (Lei nº 5.172, de 25 de outubro de 1966), em seu art. 3º, conceitua tributo como: "toda prestação pecuniária compulsória, em moeda ou cujo valor nela se possa exprimir, que não constitua sanção de ato ilícito, instituída em lei e cobrada mediante atividade administrativa plenamente vinculada".

A Constituição Republicana de 1988 apresenta rol taxativo das competências tributárias de todos os entes federados (União, estados, Distrito Federal e municípios). Além disso, elenca as atribuições de ordem legislativa e material, por meio de diversas técnicas de repartição de competências. Cada ente político, no exercício de seu poder de tributar, institui determinados tributos, respeitando os limites de competência conferidos pelo constituinte.

A competência tributária "é a atribuição constitucionalmente conferida ao ente político para instituir e disciplinar os tributos específicos de sua competência, também por meio de lei editada por seu Poder Legislativo" (Costa, 2014). A título de exemplo, cabe aos estados a instituição do Imposto Sobre Circulação de Mercadorias e Prestação de Serviços (ICMS); os municípios podem editar norma instituidora do Imposto Predial e Territorial Urbano (IPTU); a União tem competência exclusiva para editar contribuições especiais, as quais abarcam as Contribuições Sociais Gerais, as de Seguridade Social e as de Intervenção no Cenário Econômico e das Categorias Profissionais ou Econômicas, por força do art. 149 da Constituição. A despeito de caber à União a exclusividade para instituir contribuições especiais, a Carta de 1988 permite duas exceções: 1) podem os estados, o Distrito Federal e os municípios instituir contribuição para o custeio do regime previdenciário dos seus servidores (art. 149, § 1º); 2) por meio da Emenda Constitucional nº 39/2002, o Constituinte derivado acrescentou o art. 149-A, que permite aos municípios a criação, por lei, da contribuição para o custeio do serviço de iluminação pública.

A rigor, conforme salientado, a competência para instituir contribuições especiais é da União. No entanto, o constituinte derivado pode estabelecer outras exceções por meio de previsão expressa em emenda constitucional, como uma contribuição para o uso sustentável da água, defendida como um dos vários instrumentos possíveis de uso em prol das águas e como garantia de seu acesso justo e igualitário.

O Sistema Tributário Nacional contempla várias figuras tributárias, as quais, segundo a exegese do Supremo Tribunal Federal, STF, (RE nº138.284-8), a partir da adoção da tese quinquipartite de tributos, comportam cinco espécies.

Porém, cabe mencionar que, após a assentada jurisprudência do STF, aprovou-se a Emenda Constitucional nº 39/2002, que introduziu o indigitado art.149-A, estabelecendo a competência dos municípios para instituir a Contribuição de Iluminação Pública, mais uma exceção à regra matriz do art. 149 da Carta de 1988, que determina a competência exclusiva da União para criar contribuições.

A seguir o quadro demonstrativo das espécies tributárias no sistema jurídico brasileiro.

1. **Impostos** (art. 145, I, CF/88)
2. **Taxas** ((art. 145, II, CF/88)
3. **Contribuições de melhoria** ((art. 145, III, CF/88)
4. **Empréstimos compulsórios** (art. 148 da CR/88) e
5. **As contribuições especiais** (art. 149 da CR/88 - norma matriz das contribuições), que **se subdividem em três grupos:**
5.1. Contribuições sociais:
5.1.1. *Contribuições sociais gerais;*
5.1.2. *Contribuições de seguridade social;*
5.1.3. *Outras contribuições de seguridade social.*
5.2. **As contribuições de intervenção no domínio econômico;**
5.3. **As contribuições de interesse das categorias profissionais e econômicas.**
6. **Contribuição de iluminação pública**

Ainda que as espécies tributárias encontrem no sistema tributário regras comuns que as aproximam, existem regimes específicos para cada uma que as distinguem. Nos termos do art. 16, do Código Tributário Nacional (CTN), o imposto "é o tributo cuja obrigação tem por fato gerador uma situação independente de qualquer atividade estatal específica, relativa ao contribuinte". O fato gerador que faz nascer a obrigação tributária pode ser uma situação, um ato, um fato ou um negócio jurídico praticado pelo contribuinte (Imposto sobre a Propriedade Predial e Territorial Urbana tem como fato gerador a propriedade). Em regra, o imposto não está afeto à qualquer atividade estatal específica e é norteado pelo princípio da capacidade contributiva (Melo, 2000). Com efeito, Ricardo Lobo Torres (Torres, 2007) assinala que a capacidade contributiva tem como substrato a ideia de justiça distributiva, devendo o imposto ser cobrado "de acordo com as condições pessoais de riqueza do cidadão".

As taxas, por sua vez, estão obrigatoriamente vinculadas a determinada atividade do poder público. O fato que leva à cobrança não decorre de conduta do contribuinte, mas de uma atuação estatal específica, que pode nascer do exercício do poder de polícia da administração pública – por exemplo, taxa para concessão de licença ambiental –, ou de uma prestação divisível, colocada à disposição do contribuinte, como uma taxa para concessão de licença para dirigir veículos automotores.

As contribuições especiais têm como princípio basilar a solidariedade social, diferenciando-se dos impostos (que têm seu fundamento no poder de império do Estado) e das taxas (que se vinculam à ideia de uma contraprestação por parte da administração pública). Elas têm como diretriz o princípio do custo/benefício.

Tais contribuições, embora apresentem natureza jurídica de tributo, têm regimes jurídicos próprios e características peculiares, que são a finalidade e a destinação. Marco Aurelio Greco (2000) assinala que as contribuições "são exações validadas finalisticamente. Estruturam-se a partir da ideia de finalidade e sua relação com um grupo social, econômico ou profissional". Portanto uma lei instituidora de contribuição pode ter sua constitucionalidade questionada, se houver desvio de finalidade; se tal propósito violar direitos fundamentais, ou ainda, se não existir previsão constitucional para criação da contribuição.

Enquanto os impostos e as taxas são norteados pela teoria causalista, também denominada de "Teoria do Fato Gerador", bastando ocorrer o fato ou a situação prevista em lei para nascer a obrigação de pagar o tributo, as contribuições especiais encontram seu fundamento de validade no seu fim; na razão que as fez nascer.

(...) a assunção pelo Estado de um papel intervencionista (...), fez surgir a figura das "contribuições", cuja preocupação não é tanto com as causas (fatos geradores), mas predominantemente com as finalidades buscadas (de caráter social, de intervenção no domínio econômico etc) própria do Estado. (Greco, op.cit.)

Além das finalidades, a que se refere o autor, acredita-se que as contribuições podem nascer da intenção de se proteger um bem finito, a exemplo da água, porquanto tais cobranças de tributos, a partir de uma análise sistêmica do conjunto de normas constitucionais, são instrumentos por meio dos quais o Estado intervém na esfera econômica, social, profissional e ambiental. Podem servir também de mecanismo de gestão dos recursos hídricos, seja para realizar políticas públicas de proteção, seja para coibir o abuso ou emprego impróprio dessa riqueza.

Desse modo, o Estado, em suas funções instituidoras de tributos e de realização de políticas públicas, pode perfeitamente utilizar como instrumento de proteção ambiental tanto os tributos quanto o produto de sua arrecadação, a partir de três perspectivas: 1) pela via da receita com espécies tributárias já existentes, concedendo incentivos e benefícios fiscais; 2) criando tributos específicos voltados à preservação dos bens ambientais; e 3) pela disciplina jurídica da utilização e aplicação dos recursos arrecadados com os tributos, de forma a estimular ações ambientalmente sustentáveis. Nessas hipóteses, têm-se como elemento a extrafiscalidade em sentido amplo.

A face extrafiscal do tributo

As pessoas, os cidadãos, ainda são, de certa maneira, pouco ou nada sensíveis quando o tema é a natureza, isso mesmo com a humanidade convivendo com ela, extraindo dela seu alimento, a água para as mais variadas funções e a matéria-prima para o desenvolvimento de bens e serviços. Ainda assim, pouco sabe sobre as suas diferentes formas de vida e seus limites (Cechin, 2010).

A conscientização ecológica sob a perspectiva coletiva é condição *sine quan non* para uma gestão eficiente e participativa dos mananciais de água, a qual pressupõe a conjugação de uma série de instrumentos, nos termos já apregoados, como a educação ambiental, a regulação, a tecnologia e a tributação (Carli, 2013).

É certo que o direito regulatório *per se* não dá conta, por meio de suas normas, de controlar a conduta antrópica, da ação humana, com vistas a garantir a preservação e a proteção dos recursos hídricos. Faz-se necessário o implemento de um conjunto de ações e de medidas, entre elas, a utilização do tributo como um dos instrumentos idôneos a garantir o uso sustentável dos mananciais de água doce.

No Brasil, o acesso ao direito fundamental à água potável ainda não é exercido por grande parcela da população, que padece por falta de água e de serviços de coleta e tratamento de esgoto. A ausência de políticas efetivas de saneamento básico repercute diretamente na qualidade da água. O exercício do direito à agua em condições de consumo está intrinsecamente ligado à concretização dos direitos ao saneamento básico (coleta e tratamento de esgoto, destinação racional e inteligente do lixo).

Vale lembrar que a situação de escassez de água não é novidade em solo brasileiro, visto que a região Nordeste, que detém somente cerca de 3% do total de recursos hídricos existentes no território do país, convive com esta dura realidade há séculos.

É nesse cenário preocupante que se insere a tese de criação de uma contribuição em prol da água. Considerando a premente necessidade de se aumentar o escopo instrumental de gestão dos recursos hídricos no Brasil, a instituição de uma exação para racionalizar o uso das águas brasileiras teria como finalidade despertar nas pessoas a consciência ambiental de sustentabilidade nos usos da água.

Vale salientar que foi o economista inglês Arthur C. Pigou quem, pela primeira vez, aventou a possibilidade do uso dos tributos em prol do meio ambiente (Orlando, 2009). Paulo

Henrique do Amaral (2007), seguindo as lições de Pigou, acentua que uma das funções do tributo ecológico é interiorizar as externalidades negativas ambientais, cabendo aos produtores, fornecedores e consumidores analisar o grau de ingerência negativa de determinado bem sobre o ecossistema.

> O tributo verde tem (...) papel reorientador da atividade empresarial e popular (não se deve esquecer a ingente necessidade de modificação das práticas individuais, visando à proteção do meio ambiente), sem que se possa criticá-lo por forçado, artificial. Tais tributos não criam uma variante que distorce a melhor decisão econômica, e a correspectiva liberdade, mas pelo contrário, a fazem brotar com dados reais, pois o custo ambiental é real. Não se trata de tributar, mas de tributar racionalmente, mostrando a lógica e a coerência do sistema com os valores sociais (e constitucionalmente) eleitos (Amaral, 2007).

Os valores sociais constitucionalmente aceitos pela sociedade brasileira a que Amaral alude estão insculpidos já no preâmbulo da Constituição Federal de 1988, o qual, embora destituído de força normativa (segundo alerta de parcela da doutrina e do Supremo Tribunal Federal), é revestido de relevância social e produz efeitos no mundo jurídico. Isso porque representa síntese dos anseios da coletividade brasileira em um dado momento do tempo.

Os governantes, ao definirem as prioridades de decisões e ações, devem observar os valores lá mencionados — bem-estar, desenvolvimento, igualdade e justiça —, os princípios da dignidade da pessoa humana, da solidariedade socioambiental e da sustentabilidade ambiental (do qual é possível extrair a dignidade da Natureza). Assim como devem ter em conta os objetivos fundamentais da República Federativa do Brasil, expressos no art. 3º, da Carta de 1988: a construção de uma sociedade guiada pelos valores da liberdade, solidariedade e justiça; a erradicação da pobreza e das desigualdades sociais e regionais; e a promoção do bem de todos.

> (...) no Estado Democrático de Direito, a finalidade essencial da imposição tributária é transferir riquezas do particular para o Estado, para que possa exercer suas principais atividades políticas, econômicas e sociais, em benefício da sociedade. (Rodrigues, 2007)

Os tributos têm como diretriz primordial proporcionar recursos para que o Estado possa levar a efeito as responsabilidades afetas ao interesse público; ou seja, finalidade fiscal. Nessa linha de argumentação, eles também podem favorecer a mudança de paradigmas e comportamentos e impulsionar a gestão dos mananciais de águas, por meio da utilização da denominada extrafiscalidade.

A noção de extrafiscalidade adotada neste texto é extraída da Lei nº 12.305/2010 (diploma normativo que disciplina a Política Nacional de Resíduos Sólidos), que autoriza a União, os estados, o Distrito Federal e os municípios a conceder incentivos fiscais para os empreendedores que trabalham com reciclagem de resíduos sólidos, bem como às empresas cujo objeto é a limpeza urbana, além de incentivos à realização de projetos em parceria com as cooperativas de catadores de material próprio para reúso.

A extrafiscalidade diferencia-se da fiscalidade, na medida em que seu objetivo primeiro não é arrecadatório, mas sim alterar, por meio dos tributos, cenários sociais e econômicos, seja coibindo ou incentivando condutas. Nesse sentido, esclarecem Gustavo Goiabeira de Oliveira e Eduardo Barros Miranda Périllier (2009):

> Por intermédio desses tributos extrafiscais o Estado exerce o seu poder tributário de forma a intervir no controle da economia e do meio social (pode-se inserir aqui o meio ambiente), passando o tributo a agregar ao lado da função meramente arrecadatória uma função extrafiscal, ou seja, ele passa a ser visto como instrumento de intervenção ou regulação pública, de dirigismo estatal.

Parcela da doutrina clássica sustenta que o poder de tributar decorre da soberania estatal (Machado, 2002). Ricardo Lobo Torres (op. cit.), por sua vez, justifica, a partir de uma visão filosófica, o tributo como "o dever fundamental estabelecido pela Constituição no espaço aberto pela reserva da liberdade e pela declaração dos direitos fundamentais".
Alguns aspectos relevantes se estabelecem na relação jurídica em razão da existência e da cobrança das exações tributárias.
Tem-se, da imposição do tributo, o nascimento de uma relação jurídico-tributária, com características próprias, cuja concepção não se distancia da noção de relação disciplinada pelo direito civil, a despeito de suas peculiaridades, especialmente por ter como objeto uma prestação de natureza pública. Assim como as obrigações de natureza cível, a obrigação tributária pode ser de dar (quantia em pecúnia ao sujeito ativo da relação), de fazer (manter a escritura fiscal em dia, emitir nota fiscal, apresentar declaração e rendimentos) ou de não-fazer (criar óbices à fiscalização).

Nos termos do art. 113, § 1º do Código Tributário Nacional (CTN), a obrigação tributária principal "surge com a ocorrência do fato gerador, e tem por objeto o pagamento de tributo ou penalidade pecuniária e extingue-se juntamente com o crédito dela decorrente". A obrigação tributária é o vínculo jurídico entre o sujeito ativo e o sujeito passivo da relação tributária. No polo ativo, conforme ensina Luciano Amaro (2010), "figura o titular do direito de exigir o cumprimento da obrigação". No outro extremo, encontra-se o gênero sujeito passivo, conceituado no art. 121 do Código Tributário Nacional, que comporta duas espécies: 1) contribuinte – a pessoa (física ou jurídica) que se enquadra nas situações previstas em lei; ou seja, pratica o fato gerador previsto abstratamente na legislação; 2) o responsável é, na verdade, a pessoa que o legislador elegeu para figurar no lugar no contribuinte, embora não tenha praticado o fato gerador descrito na lei, mas, ainda que indiretamente, está vinculado ao fato gerador. O Código Tributário Nacional elenca várias situações em que o responsável assume a sujeição passiva da relação jurídico-tributária, a exemplo dos pais, pelos tributos devidos por seus filhos menores.

Os tributos podem ter caráter fiscal – propósito meramente arrecadatório, para fazer face às atividades afetas às funções estatais – ou extrafiscal, cuja finalidade primeira é servir de instrumento para o Estado intervir na realidade socioeconômica, embora não afaste o intuito arrecadatório com vistas a concretizar determinados objetivos.

É na perspectiva da extrafiscalidade que se insere a proposta, a qual, acredita-se, seja um dos instrumentos possíveis e idôneos para a proteção das águas, em suas múltiplas funções.

A contribuição especial da água e o consumidor consciente

A tese de criação de uma nova exação, ou seja, de uma contribuição em prol da água, não significa necessariamente aumento da carga tributária brasileira, que já é considerada alta. Ela, sim, pretende buscar, pela via da tributação com característica extrafiscal, mudanças de comportamento do consumidor de água. De acordo com a proposta, a cobrança do tributo só vai ocorrer para aqueles que utilizarem a água sem o devido cuidado e consciência ecológica.

A escolha dessa exação repousa na premissa de que a solidariedade norteia todas as contribuições sociais, alcançando determinadas pessoas que pertencem a certo grupo (como a contribuição do empregado para a seguridade social, art. 195, CF/88). Na hipótese dos mananciais de águas, a solidariedade alcança toda a coletividade, visto ser bem escasso e necessário à sobrevivência de todos os seres vivos e para o desenvolvimento do país nas suas mais variadas dimensões.

Não se pensou em uma contribuição de intervenção no domínio econômico em razão de sua total inadequação, tendo em vista que essa cobrança alcança apenas certo grupo econômico. A contribuição social que se propõe deve atingir toda a coletividade, com fundamento nos princípios da solidariedade hídrica e da sustentabilidade ambiental.

Assim, cumpre delinear as características da contribuição especial da água proposta:

1. No que diz respeito ao *sujeito ativo*, entende-se que seriam os *estados-membros*;
2. Na posição de *sujeitos passivos* estariam todos os *consumidores de água no locus urbano* (famílias, empreendedores e pro-

fissionais autônomos). Com efeito, para os demais usuários de água (indústrias, agropecuária e empresas prestadoras de serviço de saneamento básico), já existe a figura da outorga pelo uso da água, prevista na Lei nº 9.433/97, já mencionada no capítulo IV deste texto.

3.Os *beneficiários* (de forma isonômica) da eventual receita arrecadada seriam:

a) os *comitês das bacias hidrográficas*, nos termos do ato normativo instituidor da exação; e

b) aqueles *consumidores que usaram a água racionalmente, de forma sustentável e abaixo do quantitativo estabelecido previamente na lei* instituidora da contribuição. O "bônus recompensatório" dependerá, por certo, do montante arrecadado e poderá variar de acordo com a situação hídrica de cada região. Com efeito, o recurso arrecadado com a contribuição seria repassado por meio de desconto no boleto de cobrança dos serviços de fornecimento de água do consumidor

É imperioso frisar que o objetivo da criação do novo tributo é mudar o comportamento das pessoas em relação aos usos da água, ou seja, de utilizar a via do tributo como instrumento de gestão responsável da água. Além de ser mecanismo auxiliar de educação ambiental hídrica.

Desse modo, com a criação desta nova exação, tem-se, basicamente, três situações possíveis:

1. Todos utilizam o potencial de água até o patamar mínimo determinado pela lei instituidora da contribuição. Esta, na verdade, é a ratio essendi da nova figura tributária, uma vez que o que se objetiva é o uso racional e sustentável da água, ou seja, o tributo com face extrafiscal, com vistas a alterar comportamentos e não fiscal, meramente arrecadatório.

2. Todos ultrapassam o limite de litros de água expresso no diploma normativo. Nesse caso, a contribuição não atingiu seu propósito, qual seja, despertar a consciência dos consumidores da necessidade de proteger e preservar este bem finito. Desse modo, não haverá consumidores beneficiados. A rigor, o que existirão são perdedores: o homem predador e o ecossistema hídrico em estado de exaustão. No entanto, como contrapartida, haverá arrecadação para auxiliar os comitês de bacias hidrográficas, que seriam os beneficiários dos recursos arrecadados com a contribuição. Na verdade, os beneficiários seriam os mencionados órgãos democráticos e os mananciais hídricos, porquanto receberiam os cuidados necessários à sua preservação.

3. Parte dos consumidores de água adotou a sustentabilidade no seu uso. Nesse caso, independentemente do móvel de cada indivíduo, se ecológico ou econômico, a contribuição especial da água começa a alcançar seu objetivo, a conscientização ambiental. O eventual produto da arrecadação, nesta hipótese, além de simbólico e estimulador de comportamentos, representa um prêmio para todos que contribuíram para um meio ambiente hídrico sustentável.

A rigor, só haverá a incidência da contribuição, e, por conseguinte, arrecadação pecuniária, se houver consumo de água acima do patamar previsto na lei. Se todos passarem a utilizar a água com sustentabilidade, a contribuição especial da água terá cumprido seu desiderato, qual seja, a preservação do líquido indispensável à vida e ao desenvolvimento econômico.

É possível que se argumente que o aumento proporcional do preço em razão do consumo de água já existe. De fato, as empresas prestadoras de serviço de fornecimento de água tratada usam tal metodologia, mas não se pode confundir o instituto do preço público, que é o pagamento pelo fornecimento de água tratada, realizado por meio de serviço público prestado diretamente pelo Estado ou por regime de colaboração, por pessoas jurídicas de direito privado, com a incidência da contribuição especial da água.

A contribuição especial da água, com natureza extrafiscal e voltada para mudanças de comportamento, incidirá somente nas hipóteses em que houver consumo de água acima do patamar estabelecido na lei instituidora da exação. Para tanto, entende-se pertinente a utilização da alíquota *ad rem*, ou específica, nos termos do art. 149, III, b, CF/88.

Vale esclarecer, a alíquota compreende a fração ou quota estabelecida na lei a que o Estado faz jus sobre o fato jurídico tributário (base de cálculo). Ela pode ser: a) *ad valorem*, expressando-se sobre a forma de percentual e incide sobre base de valor (preço de venda de um bem) e b) *ad rem* ou específica, ou seja, fixada em uma unidade física, podendo ser em peso, litro, metro. No caso da contribuição especial da água, a alíquota teria como base o quantitativo de litros de água utilizados acima do patamar delimitado na lei.

A lei instituidora da contribuição pode definir como base para não incidência do valor o teto de 100 litros diários para cada pessoa, o que está de acordo com recomendação da Organização Mundial de Saúde (OMS). Assim, a cada um litro de água utilizado acima deste patamar incidiria R$ 1 de contribuição. Se o indivíduo utilizar no período de um mês, em vez de 100 litros diários, 150 litros diários, deverá pagar, além do serviço de fornecimento de água, a contribuição especial de R$ 50.

Por outro lado, se a pessoa consumir até 100 litros ou abaixo disso, receberá como contrapartida parte do produto arrecadado pelo estado instituidor da contribuição, caso existirem consumidores que ultrapassaram o limite fixado na lei que criou a exação (situação 3 descrita anteriormente). Ou seja: os consumidores conscientes receberão um bônus financeiro, o qual será repassado para eles na conta relativa ao consumo.

O decreto executivo que regulamentará a lei instituidora da contribuição especial da água estabelecerá os limites de consumo e os critérios para aferir o quantitativo estabelecido, bem como a forma como será feita a equação patamar-consumo em cada residência.

A Constituição Federal de 1988 estabelece a competência exclusiva à União para criar contribuições especiais. Nesse sentido, haveria duas alternativas: 1) a contribuição especial da água poderia ser criada como subespécie das contribuições sociais gerais, com base no art. 149, da Constituição; ou 2) a exação da água surgiria como contribuição social autônoma, cujos instituidores seriam os estados federados. Dessa forma, cumpriria ao constituinte derivado, por meio de Proposta de Emenda à Constituição, criar o art. 149-B, o qual passaria a prever a possibilidade de cada estado instituir a sua *Contribuição Especial da Água*.

Entende-se ser mais adequado que a instituição da contribuição especial da água seja da competência dos estados federados, por terem mais condições econômicas e técnicas para prestar os serviços de saneamento básico ou de fomentar tais atividades nas municipalidades e nas regiões metropolitanas.

Considerações finais

Na parte introdutória, foram apresentadas duas indagações: por que é preciso proteger e preservar os mananciais de água, além de tratá-los com carinho e respeito? Até quando a natureza será tratada com tanto desleixo?

Neste momento, tais perguntas já podem ser respondidas. Caso isso ocorra, ainda que com algumas dúvidas quanto à melhor estratégia ou preponderância de cada instrumento, este livro terá alcançado seu objetivo: despertar as pessoas para um "conviver com as águas", para deixarem de ser meras exploradoras para se tornarem suas protetoras.

Sem água, não há vida, não há desenvolvimento, tampouco a possibilidade de existência de outros direitos. Como já apregoava o filósofo grego Tales de Mileto, a água é o elemento fundamental da existência. O corpo humano, por exemplo, detém cerca de 70% do líquido vital.

Cientistas tentam encontrar água em outros planetas, pois sabem que, se houver possibilidade de tal existência, poderá se pensar em vida além do planeta Terra.

A água é uma riqueza finita, porém infinitas são suas demandas, sem esquecer dos numerosos elementos de poluição, que a tornam doente e imprestável para consumo. Isso faz com que seja necessária uma gestão democrática, responsável e séria dos recursos hídricos existentes.

A tese de elevar a água à categoria de sujeito de direitos, embora pareça um tanto absurda de início, pode ser um caminho para melhor aproximar o homem deste ser vivo, tão fundamental à vida.

Por tudo o que foi exposto, advoga-se a legitimidade e a necessidade premente de se criar a contribuição em prol das águas, como forma de incentivar o seu consumo consciente e responsável.

O propósito da criação da nova exação é primordialmente mudar o agir do homem diante do "ouro azul", o qual tem dado sinais de escassez e exaustão. A rigor, o aspecto arrecadatório, presente na maioria dos tributos, não é relevante neste caso, pois o efeito pedagógico que se espera é a não ocorrência do fato gerador da contribuição.

E você o que pensa?

Por fim, certamente, quem leu este livro já está pronto para agir de forma mais responsável e respeitosa com a água. Se assim for, o objetivo deste livro foi cumprido. Não se pode perder de vista: a água é essencial!

Referências

ACOSTA, Alberto. *Declaración universal de los derechos de la naturaleza*. Disponível em: http://www.derechosdelanaturaleza.com. Acesso em: 21 set. 2014.

ALLAN, John Anthony.*Virtual Water Innovator Stckholm Water Prize 2008*. Disponível em: http://www.siwi.org. Acesso em: 9 nov. 2014.

AMARAL, Paulo Henrique. *Direito tributário ambiental*. São Paulo: Editora Revista dos Tribunais, 2007.

AMARO, Luciano. *Direito tributário brasileiro*. 16 ed. São Paulo: Editora Saraiva, 2010.

AMBIENTE BRASIL. *Tempo de decomposição dos materiais*. Disponível em: http://ambientes.ambientebrasil.com.br. Acesso em: 24 fev. 2015.

ANA. *Agência Nacional de Águas*. Disponível em: www2.ana.gov.br. Acesso em: 10 jan. 2015.

AZEVEDO, Paulo Cesar Lima. *Portal de estudos em química*. Disponível em: http://www.profpc.com.br. Acesso em: 14 dez. 2013.

AVZARADEL, Pedro Curvelo Saavedra. Das florestas protetoras às áreas de preservação permanente: considerações sobre os retrocessos na legislação florestal atual. Coleção Conpedi-UniCuritiba. Vol. 5. 2014.

BADIN, Luiz Armando. Edgar Morin e o novo iluminismo. Transcrição das notas de Luiz Armando Badin, em evento no dia 10 de dezembro de 2007. Disponível em: http://www.universodoconhecimento.com.br. Acesso em: 20 mai. 2014.

BARLOW, Maude; CLARKE, Tony. *Ouro azul*: como as grandes corporações estão se apoderando da água doce do nosso planeta. São Paulo: Editora M. Books do Brasil, 2003.

BARROS, Bettina. Petrobras vai ampliar reuso de água. *Jornal Valor Econômico*, 27 jul. 2011.

BEER, Raquel. Não basta ter, precisa ser limpa. *Revista Veja*, 29 out.2014.

BECK, Ulrich. *Sociedade de risco*: rumo a uma outra modernidade. São Paulo: Editora 34, 2010.

BIANCHINI, Tito. *Lixo reflete a cultura da sociedade*. Disponível em: http://www.abrelpe.org.br. Acesso em: 6 jun.2011

BIBLIA SAGRADA. *Livro de Gênesis*. Brasília: Sociedade Bíblica do Brasil. 1990.

BOFF, Leonardo. *Cuidar da terra, proteger a vida*: como evitar o fim do mundo. Rio de Janeiro: Editora Record, 2010.

BRANCO, Samuel Murgel. *Água, origem, uso e preservação*. 2 ed. São Paulo: Editora Moderna, 2003.

BRASIL. Poder Judiciário. Supremo Tribunal Federal. *Recurso Extraordinário n° 138.284-8, e Recurso Extraordinário n° 146.733*. Disponível em: http://www.stf.jus.br. Acesso em: Acesso em: 21 mai. 2014.

BULOS, Uadi Lammêgo. *Curso de Direito Constitucional*. São Paulo: Editora Saraiva, 2014.

CAMARGO, Eldis; RIBEIRO, Emiliano. A proteção jurídica das águas subterrâneas no Brasil. In: RIBEIRO, Wagner Costa (Org.). *Governança da Água no Brasil*: uma visão interdisciplinar. São Paulo: Editora Annablume; FAPESP, CNPq, 2009.

CARLI, Ana Alice De. *A água e seus instrumentos de efetividade: educação, normatização, tecnologia e tributação*. Campinas (SP): Editora Millennium, 2013.

CARLI, Ana Alice De. O direito fundamental ao acesso à água potável e o dever fundamental de sua utilização sustentável. In: *Argumentum*

– Estado, democracia econômica e políticas públicas – *Revista de Direito*. Universidade de Marília. Vol. 12. Marília: Unimar, 2011.

CARLI, Ana Alice De. Breves reflexões sobre o direito fundamental ao acesso à água potável e o dever fundamental de sua utilização sustentável. In: *Revisa Internacional de Direito Ambiental*. Vol. I. n° 1. jan./abr. 2012. Caxias do Sul: Editora Plenum, pp. 27-46.

CARNEIRO, Felipe. As boas lições da Califórnia. São Paulo. *Revista Veja*, 29 out. 2014, p. 100-101.

CARVALHO, Daniel Fonseca de; SILVA, Leonardo Batista da. *Hidrologia*. Disponível em: http://www.ufrrj.br/institutos/it/deng/leonardo/downloads/APOSTILA/HIDRO-Cap1-INTRO.pdf. Acesso em: 12 ago. 2014.

CECHIN, Andrei. A natureza como limite da economia: A contribuição de Nicholas Georgescu-Roegen. São Paulo: Editora Senac/Edusp, 2010.

CHAPAGAIN, Ashok Kumar *Globalisation of water*: Opportunities and threats of virtual water trade. Disponível em: http://www.unesco-ihe.org/Research/Publications. Acesso em: 09 nov. 2013.

COMISSÃO ESPECIAL para analisar a questão do lixo no Rio Grande do Sul. *Relatório Final*. Disponível em: http://www.al.rs.gov.br. Acesso em: 12 nov. 2014.

COSTA, Leonardo de Andrade. *Material didático FGV-Direito* (direito tributário nacional). Rio de Janeiro. 2014.

_____. Sustentabilidade ambiental na produção econômica de bens e serviços como requisito progressivo à concessão de benefícios fiscais no Brasil. In: FLORES, Nilton Cesar (Org.). *A sustentabilidade ambiental em suas múltiplas faces*. São Paulo: Editora Millennium, 2012.

_____. *Material didático de direito tributário e finanças públicas FGV-Direito*. Disponível em: <http://academico.direito-rio.fgv.br>. Acesso em: 8 mai. 2014.

COSTA, Regina Helena Pacca G. Água: matéria-prima primordial à vida. In: TELLES, Dirceu D'Alkmim; COSTA, Regina Helena Pacca G. (Orgs.). *Reúso da água*: conceitos, teorias e práticas. São Paulo: Editora Blucher, 2007.

CHAUI, Marilena. *Introdução à História da Filosofia*: dos pré-socráticos a Aristóteles. 2 ed. rev. e ampl. São Paulo: Editora Companhia das Letras, 2002.

CHIARETTI, Daniela. Na C-40, prefeitos expõem soluções para mundo sustentável. *Jornal Valor Econômico*. São Paulo: Edição de 3,4, e 5 de jun. 2011. Seção A13.

DESCARTES, René. *Discurso do método*. Edições de Ouro. São Paulo: Editora Tecnoprint, 1958.

D'ISEP, Clarissa Ferreira Macedo. *Água juridicamente sustentável*. São Paulo: Editora RT, 2010.

DOUZINAS, Costas. *O fim dos direitos humanos*. São Leopoldo (RS): Unisinos, 2009.

FABER, Marcos. A importância dos rios para as primeiras civilizações. *Historia Ilustrada*. Vol. II. Disponível em: http://www.historialivre.com/antiga/importancia_dos_rios.pdf. Acesso em: 7 de nov. 2014.

FARIAS, Talden. *O papel da outorga de recursos hídricos no ordenamento jurídico brasileiro*. Disponível em: http://jusvi.com. Acesso em: 7 mai. 2014.

FERRAZ, Sérgio. Tributo e justiça social. In: MARTINS, Ives Gandra S. (Org.). *O tributo*: reflexão multidisciplinar sobre sua natureza. Rio de Janeiro: Editora Forense, 2007, pp. 289-298.

FIORILLO, Celso A. Pacheco. *Curso de direito ambiental*. 9 ed. Rev. atual. e ampl. São Paulo: Editora Saraiva, 2008.

FREITAS NETO, Jayme Barboza de; BUENO, Luiz F. K; DA COSTA, Moura & Luiz Eugênio P. S. O tributo ambiental à luz do direito comparado. In: ORLANDO, Breno Ladeira Kingma et al (Coords.). *Direito tributário ambiental*. Rio de Janeiro: Editora Lumen Juris, 2009.

G1. Entenda como funciona o abastecimento de água no RJ. *G1*. Disponível em: http://g1.globo.com/rio-de-janeiro/noticia/2015/01/entenda-como-funciona-o-abastecimento-de-agua-no-rio.html. Acesso em: 26 jan.2015.

GOLEMAN, Daniel. *Inteligência ecológica*: o impacto do que consumimos e as mudanças que podem melhorar o planeta. Rio de Janeiro: Editora Elsevier, 2009.

GRECO, Marco Aurelio. *Contribuições*: uma figura "sui generis". São Paulo: Editora Dialética, 2000.

GUERRA, Sérgio. *Discricionariedade, regulação e reflexividade*: uma nova teoria sobre as escolhas administrativas. 2 ed. Belo Horizonte: Editora Fórum, 2013.

HANSEN, Gilvan L. A sociedade de consumo e o paradoxo da proteção ambiental. In: FLORES, Nilton Cesar (Org.). *A sustentabilidade ambiental em suas múltiplas faces*. São Paulo: Editora Millennium, 2012.

HARDING, Stephan. *Terra viva*: ciência, intuição e a evolução de gaia. Tradução de Mario Molina. São Paulo: Editora Cultrix, 2008.

HELOUANI, William B. *E o que é educação*. Disponível em: http://www.infoeducativa.com.br. Acesso em: 4 abr. 2012.

HOEKSTRA, Arjen Y. *The water footprint of food*. Disponível em: http://www.waterfootprint.org. Acesso em: 9 nov. 2014.

IBGE. *Síntese dos Indicadores Sociais*. Disponível em: http://www.ibge.gov.br/home/estatistica/pesquisas/sintese.php. Acesso: 21 jul. 2011.

IMPRENSA VOLKSWAGEN. Disponível em: http://www.vwbr.com.br. Acesso em: 3 jan. 2015.

INEA. Instituto Estadual do Ambiente. *Nota Técnica nº 01-A/2014*. Disponível em: http://www.inea.rj.gov.br. Acesso em: 8 nov. 2014.

KLARE, Michael. *The race for what's left*: the global scramble for the world's last resources. USA: Picador; Reprint edition, 2012.

LANNA, A. Eduardo. - *Instrumentos de gestão das águas*: Outorgas. Cap. 5. Disponível em: http://www.iph.ufrgs.br. Acesso em: 9 mai. 2014.

LENZA, Pedro. *Direito constitucional esquematizado*. 16 ed. rev. atual. e ampl. São Paulo: Editora Saraiva, 2012.

LUNDQVIST, Jan; FRAITURE, Charlotte; MOLDEN, David. Saving water: from field to fork curbing losses and wastage in the food chain. In: FLORES, Nilton (Org.). *A sustentabilidade em suas múltiplas faces*. São Paulo: Editora Millennium, 2012.

MACHADO, Paulo Affonso Leme. *Direito dos cursos de água internacionais*. São Paulo: Editora Malheiros, 2009.

MAGALHÃES, Nelson J. Veiga de. Produção e construção modular como fator de competitividade e inovação tecnológica. In: BARBARA, Saulo; FREITAS, Sydney (Orgs.). *Design, gestão, métodos, projetos, processos*. Rio de Janeiro: Editora Ciência Moderna, 2007.

MAGALHÃES, Nelsom; COSTA, Leonardo de Andrade. Reeducação para adoção de uma metodologia sustentável de produtação como requisito progressivo à concessão de benefícios fiscais para a indústria In:

CARLI, Ana Alice De; MARTINS, Saadia B. (Orgs.). *Educação ambiental*: premissa inafastável ao desenvolvimento econômico sustentável. Rio de Janeiro: Editora Lumen Juris, 2014.

MARQUES, José Roberto. *Meio ambiente urbano*. Rio de Janeiro: Editora Forense, 2005.

MELO, José Eduardo Soares de. *Contribuições sociais no sistema tributário*. 3 ed. São Paulo: Editora Malheiros, 2000.

MONTEIRO, Washington de Barros. *Curso de direito civil*. Direito das Obrigações. 10 ed. São Paulo: Editora Saraiva, 1975.

MOREIRA NETO, Diogo de Figueiredo. *Mutações do direito administrativo*. 2 ed. Rio de Janeiro: Editora Renovar, 2001.

NAÇÕES UNIDAS, Assembleia Geral. *Resolução nº 64/92*. Disponível em: <www.un.org.> Acesso em: 22 jul. 2011.

NADAL, Fábio; COZATTI, Márcio Faria. *Direito financeiro simplificado para concursos públicos*. São Paulo: Impactus, 2008.

NALINI, José Renato. Ética e Sustentabilidade no Poder Judiciário. In: MARQUES, José Roberto (Org.). *Sustentabilidade e temas fundamentais de direito ambiental*. Campinas (SP): Editora Millenium, 2009.

_____. *Ética ambiental*. 3 ed. Campinas (SP): Editora Millennium, 2010.

NERY, Carmen Lúcia. Grandes Ideias que também ajudam a cuidar do planeta. *Revista Valor Especial*. junho, 2012, São Paulo: Editora Valor Econômico.

NUSDEO, Fabio. Sustentabilidade. In: MARQUES, José Roberto (Org.). *Sustentabilidade e temas fundamentais de direito ambiental*. Campinas (SP): Editora Millenium, 2009.

OLIVEIRA, Gustavo Goiabeira de; PÉRILLIER, Eduardo Barros Miranda. A extrafiscalidade como instrumento de controle ambiental. In: ORLANDO, Breno Ladeira Kingma et al. (Coord.). *Direito tributário ambiental*. Rio de Janeiro: Editora Lumen Juris, 2009.

PEREIRA, Caio Mário da Silva. *Instituições de direito civil*. 10 ed. Rio de Janeiro: Editora Forense, 1990.

PETRELLA, Ricardo. *O manifesto da água*: argumentos para um contrato mundial. 2 ed. Tradução de Vera Lucia Mello Joscelyne. Petrópolis: Editora Vozes, 2004.

POMPEU, Cid Tomanik. *Direito de águas no Brasil*. 2 ed. São Paulo: Editora RT, 2010.

REUNIR. *Revista de Administração, Contabilidade e Sustentabilidade*. Vol. 2, nº 2. Edição Especial Rio +20, jun., p. 113-125, 2012.

RODRIGUES, Marilene T. M. O tributo e suas finalidades. In: MARTINS, Ives Gandra S. (Org.). *O tributo*: reflexão multidisciplinar sobre sua natureza. Rio de Janeiro: Editora Forense, 2007.

ROMEIRO, Marcio A. Souza. *Antologia da caridade* – uma reflexão teológico pastoral. São Paulo: Edições Loyola, 2002. Disponível em https://books.google.com.br/. Acesso em 16 jan. 2015.

ROSEN, Harvey S. *Public finance*. 4 ed. New York: McGraw-Hill/Irwin, 1995.

SABESP. Disponível em: http://www2.sabesp.com.br/mananciais/DivulgacaoSiteSabesp.aspx. Acesso em: 12 nov. 2014.

SANTOS, Boaventura de Souza. *O Estado e o direito na transição pós-moderna*: para um novo senso comum sobre o poder e o direito. Disponível em: http://www.boaventuradesousasantos. Acesso em: 6 ago. 2014.

SHIVA, Vandana. *Guerras por água*: privatização, poluição e lucro. São Paulo: Editora Radical, 2006.

SILVA FILHO, Carlos da Costa. Outorga onerosa do direito de construir: instrumento de política no contexto da fiscalidade ambiental. In: DOMINGUES, José Marcos (Coord.). *Direito tributário e políticas públicas*. São Paulo: Editora MP, 2008.

SILVA, José Afonso da. *Direito Ambiental constitucional*. 5 ed. São Paulo: Malheiros, 2004.

SOTO, Cesar. Ônibus Sanitário. Revista Istoé. 3 dez. 2014.

SOUZA, Maristela D. Marques de. Regulação publicitária e consumo consciente: publicidade e os desafios pós-consumo, equilíbrio entre o desenvolvimento e sustentabilidade. *ANAIS do XX CONPEDI-Vitória*. Realizado nos dias 16 a 19 de novembro de 2011. Disponível em: www.conpedi.org.br. Acesso em: 17 nov. 2014.

SUASSUNA, João. *A má distribuição da água no Brasil*. Disponível em: www.reporterbrasil.org.br. Acesso: 28 jul. 2011.

TORIKACHVILI, Silvia. Invenção faz chuveiro economizar. *Jornal Valor Econômico*. 27 jan. 2012. Seção F4.

TORRES, Ricardo Lobo. *O direito ao mínimo existencial*. Rio de Janeiro: Editora Renovar, 2009.

_____. *Tratado de direito constitucional financeiro e tributário*. Vol. IV. Rio de Janeiro: Editora Renovar, 2007.

_____. Aspectos fundamentais e finalísticos do tributo. In: MARTINS, Ives Gandra da Silva (Org.). *O tributo*: reflexão multidisciplinar sobre sua natureza. Rio de Janeiro: Editora Forense, 2007.

TRAJANO, Eleonora. Políticas de conservação e critérios ambientais: princípios, conceitos e protocolos. *Estudos avançados*. vol. 24, n. 68. São Paulo, 2010. Disponível em http://www.scielo.br. Acesso em: 11 dez. 2014.

TRATA BRASIL. Disponível em: http://www.tratabrasil.org.br. Acesso em: 14 nov.2014.

TRENNEPOHL, Terence Dorneles. *Incentivos fiscais no direito ambiental*: para uma matriz energética limpa e o caso do etanol brasileiro. 2 ed. São Paulo: Saraiva, 2011.

UERJ. *Declaração de Dublin de 1992*. Disponível em: http://www.meioambiente.uerj.br. Acesso em: 17 out. 2011.

UNESCO. Managing water under uncertainty and risk. Disponível em: http://www.unesco.org/me%201Managing%20Water%20under%20 Uncertainty%20and%20Risk.pdf. Acesso em: 4 nov.2014.

VASCONCELLOS, Carlos. Indústrias economizam água nas linhas de produção. *Jornal Valor Econômico*. São Paulo, 6 jun. 2011. Página G4.

YOSHIDA, Consuelo. Sustentabilidade urbano-ambiental: os conflitos sociais, as questões urbanístico-ambientais e os desafios à qualidade de vida nas cidades. In: MARQUES, José Roberto (Org.). *Sustentabilidade e temas fundamentais de direito ambiental*. Campinas (SP): Editora Millenium, 2009.

ZEE, Bibi van der. *Empresas ecológicas*. Série Sucesso Profissional. São Paulo: Editora Publifolha, 2010.

Livros publicados pela Coleção FGV de Bolso

(01) *A história na América Latina – ensaio de crítica historiográfica* (2009)
de Jurandir Malerba. 146p.
Série 'História'

(02) *Os Brics e a ordem global* (2009)
de Andrew Hurrell, Neil MacFarlane, Rosemary Foot e Amrita Narlikar. 168p.
Série 'Entenda o Mundo'

(03) *Brasil-Estados Unidos: desencontros e afinidades* (2009)
de Monica Hirst, com ensaio analítico de Andrew Hurrell. 244p.
Série 'Entenda o Mundo'

(04) *Gringo na laje – produção, circulação e consumo da favela turística* (2009)
de Bianca Freire-Medeiros. 164p.
Série 'Turismo'

(05) *Pensando com a sociologia* (2009)
de João Marcelo Ehlert Maia e Luiz Fernando Almeida Pereira. 132p.
Série 'Sociedade & Cultura'

(06) *Políticas culturais no Brasil: dos anos 1930 ao século XXI* (2009)
de Lia Calabre. 144p.
Série 'Sociedade & Cultura'

(07) *Política externa e poder militar no Brasil: universos paralelos* (2009)
de João Paulo Soares Alsina Júnior. 160p.
Série 'Entenda o Mundo'

(08) *A mundialização* (2009)
de Jean-Pierre Paulet. 164p.
Série 'Sociedade & Economia'

(09) *Geopolítica da África* (2009)
de Philippe Hugon. 172p.
Série 'Entenda o Mundo'

(10) *Pequena introdução à filosofia* (2009)
de Françoise Raffin. 208p.
Série 'Filosofia'

(11) *Indústria cultural – uma introdução* (2010)
de Rodrigo Duarte. 132p.
Série 'Filosofia'

(12) *Antropologia das emoções* (2010)
de Claudia Barcellos Rezende e Maria Claudia Coelho. 136p.
Série 'Sociedade & Cultura'

(13) *O desafio historiográfico* (2010)
de José Carlos Reis. 160p.
Série 'História'

(14) *O que a China quer?* (2010)
de G. John Ikenberry, Jeffrey W. Legro, Rosemary Foot e Shaun Breslin. 132p.
Série 'Entenda o Mundo'

(15) *Os índios na História do Brasil* (2010)
de Maria Regina Celestino de Almeida. 164p.
Série 'História'

(16) *O que é o Ministério Público?* (2010)
de Alzira Alves de Abreu. 124p.
Série 'Sociedade & Cultura'

(17) *Campanha permanente: o Brasil e a reforma do Conselho de Segurança das Nações Unidas* (2010)
de João Augusto Costa Vargas. 132p.
Série 'Sociedade & Cultura'

(18) *Ensino de história e consciência histórica: implicações didáticas de uma discussão contemporânea* (2011)
de Luis Fernando Cerri. 138p.
Série 'História'

(19) *Obama e as Américas* (2011)
de Abraham Lowenthal, Laurence Whitehead e Theodore Piccone. 210p.
Série 'Entenda o Mundo'

(20) *Perspectivas macroeconômicas* (2011)
de Paulo Gala. 134p.
Série 'Economia & Gestão'

(21) *A história da China Popular no século XX* (2012)
de Shu Sheng. 204p.
Série 'História'

(22) *Ditaduras contemporâneas* (2013)
de Maurício Santoro. 140p.
Série 'Entenda o Mundo'

(23) *Destinos do turismo – percursos para a sustentabilidade* (2013)
de Helena Araújo Costa. 166p.
Série 'Turismo'

(24) *A construção da Nação Canarinho – uma história institucional da seleção brasileira de futebol, 1914 - 1970* (2013)
de Carlos Eduardo Barbosa Sarmento. 180p.
Série 'História'

(25) *A era das conquistas – América espanhola, séculos XVI e XVII* (2013)
de Ronaldo Raminelli. 180p.
Série 'História'

(26) *As Misericórdias portuguesas – séculos XVI e XVII* (2013)
de Isabel dos Guimarães Sá. 150p.
Série 'História'

(27) *A política dos palcos – teatro no primeiro governo Vargas (1930-1945)* (2013)
de Angélica Ricci Camargo. 150p.
Série 'História'

(28) *A Bolsa no bolso – fundamentos para investimentos em ações* (2013)
de Moises e Ilda Spritzer. 144p.
Série 'Economia & Gestão'

(29) *O que é Creative Commons? Novos modelos de direito autoral em um mundo mais criativo* (2013)
de Sérgio Branco e Walter Britto. 176p.
Série 'Direito e Sociedade'

(30) *A América portuguesa e os sistemas atlânticos na Época Moderna - Monarquia pluricontinental e Antigo Regime* (2013)
de João Fragoso, Roberto Guedes e Thiago Krause. 184p.
Série 'História'

(31) *O Bolsa Família e a social-democracia* (2013)
de Débora Thomé. 158p.
Série 'Sociedade & Cultura'

(32) *A Índia na ordem global* (2013)
de Oliver Stuenkel (Coord.). 120p.
Série 'Entenda o Mundo'

(33) *Escravidão e liberdade nas Américas* (2013)
de Keila Grinberg e Sue Peabody. 146p.
Série 'História'

(34) *Meios alternativos de solução de conflitos* (2013)
de Daniela Gabbay, Diego Faleck e Fernanda Tartuce. 104p.
Série 'Direito & Sociedade'

(35) *O golpe de 1964 – momentos decisivos* (2014)
de Carlos Fico. 148p.
Série 'História'

(36) *Livro digital e bibliotecas* (2014)
de Liliana Giusti Serra. 186p.
Série 'Sociedade & Cultura'

(37) *A proteção jurídica aos animais no Brasil – Uma breve história* (2014)
de Samylla Mól e Renato Venancio. 142p.
Série 'História'

(38) *A memória, história e historiografia* (2015)
de Fernando Catroga. 100p.
Série 'História'